나의
마지막 공부

나의
마지막 공부

유소림

나의
시각

저자의 말

●

그다지 치열하게는 아니었습니다. 그래도 세상에 생겨난 시간을 영판 내버려둘 수는 없어서 이곳으로, 저곳으로 걸음을 옮기곤 하였습니다. 그러다가 예순의 나이에 어떤 마음공부터에 인연이 되었습니다. 아예 달리지 못하는 낡은 수레가 되기 일보 직전, 참 아슬아슬한 때였습니다. 마지막 공부. 나이로 봐도 그렇지만 게으른 나로서는 마지막에야 다다를 수 있는 것이었습니다. 그리고 지난 무수한 세월을 새롭게 살아나게 하는 첫 번째 공부이기도 하였습니다.

여기에 모은 짧은 글들은 대부분 내가 몸담고 있는 공부터의 온라인 공부방에 올렸던 것들입니다. 말하자면 나의 일상적 수련 경험을 수련생들과 편하게 나누어보고자 한 내용입니다. 그리고 후반부의 비교적

긴 글들은 《녹색평론》에 게재한 것들의 일부로, 마지막 글을 제외하고는 수련을 시작하고 오래지 않아 쓴 것입니다. 모두 나의 어설픈 수련 경험에서 얻은 것들을 이리저리 푼 내용이라 독자들이 어떻게 읽어줄지 마음 쓰이는 바가 없지 않습니다. 그러나 코로나 대유행으로 외출이 쉽지 않은 시절에 작은 읽을거리라도 된다면 더 바랄 것이 없겠습니다.

우리 세대는 부모 세대가 누리지 못한 것들을 누리며 살았습니다. 그런데 인생은 그렇게 간단하지 않습니다. 나의 말년은 그리고 우리 자식들은 지난 세대들이 감히 상상할 수도 없는 일들을 살아내야 하게 되었습니다. 전대미문의 과제들을 앞에 둔 요즘 나의 공부터가 더욱 귀하게 여겨집니다.

코로나라는 신출귀몰하는 바이러스, 지구촌 곳곳에 때아닌 눈과 비를 쏟아내는 이상기후는 자연이 만든 재해가 아님이 분명합니다. 과잉된 자연개발 때문이든, 은밀한 어떤 연구 때문이든 그것은 만족을 모르는 인간의 탐욕이 일차적이고 근원적인 원인임이 분명합니다. 그리고 지구촌 국가와 그 주민들은 전 지구적 재난 앞에서도 엇갈리는 손익계산 때문에 서로를 탓하며 우왕좌왕하고 있습니다. 탐욕에서 벗어나는 수행은 부처가 되겠다는 고상한 꿈을 꾸는 사람들만을 위한 것이 아닙니다. 갑남을녀, 우리 모두의 삶을 위한, 생존을 위한 필수과목이 아닌가 싶습니다.

동사섭의 수련생이 되어 용龍자 타陀자 큰스님의 안내로 공부한 지 올해로 11년이 되었습니다. 노루꼬리만큼 남은 시간이지만 끝까지 잘 가고자 합니다. 오랜 약속을 지키며 정성껏 책을 만들어준 나의시간 부수영 대표와 게재 글의 전재를 양해해준 녹색평론사에도 다시금 감사드립니다.

2022년 봄을 맞이하며
강원도 퇴곡골에서 유소림

차례

저자의 말·5

눈이야, 너는 개가 아니다

낙엽 한 닢의 사랑·13 눈이야, 너는 개가 아니다·16 눈이와 똘이·19
노랑귀신, 자아귀신·22 딱새에게 보내는 편지·25 상생의 사과나무·28
매향, 분향·31 그때나 다름없이·34 낙엽산책·37 존재계의 주민들·40
시냇물을 따라서·43 옛 물이 있을소냐·46 자두나무, 부처나무·49
잘 가, 베짱이!·52 나도 그러한가·55

관점 공부

새 봄을 맞이하면서·61 관점 공부·64 놓치고 싶지 않은 것·66
갈림길·68 강도 씨, 고장 씨, 구박 씨, 최하 씨……·71 실용적인 처방·73
나는 좋은 느낌을 원하는가·75 어떠세요?·78 오로지 나에게·81
요리책 읽기, 만들기, 맛보기·83 우리 모두의 행복·86 우주의 의무교육·89
의식공간 정리정돈·92 지닌 것 관리하기·95 프로도 이야기·98

우리 연기적 세계여

서로가 서로에게 · 103 스스로 해야 할 단 한 가지 · 106 뒷북을 울려라 · 109
무력하고 위태로운 · 112 그냥 누리기 · 115 다섯 딸, 다섯 엄마 · 118
엄마, 치매 걸렸어? · 120 얼마를 써넣을 수 있는가 · 123
자유롭고 자유로워라 · 126 지극히 자연스러운 · 129 천국의 원리 · 132
첫 번째 스텝 · 135 최고의 예술 · 138 최선의 나팔꽃 · 141

사람에서 자연으로

마지막 만남 · 147 벗어나기, 사라지기 · 160 사람에서 자연으로 · 170
다시 이 봄날에 · 180 딸기와 작약, 그리고 강아지와 · 191

눈이야,
너는 개가 아니다

낙엽 한 닢의 사랑

•

곤충은 여섯 개의 다리를 가지고 있다. 거미는 곤충이 아니다. 다리가 여덟 개이기 때문이다. 초등학교 때 그렇게 배웠다. 그래서 나비는 모두 다리가 여섯 개인 줄 알았다. 그랬는데 놀랍게도 다리가 네 개 달린 나비들이 있다!(인간세의 분류표란 그렇게 허점이 있을 수밖에 없다.) 우리 집 과꽃 꽃밭에 자주 날아오던 작은 멋쟁이 나비도 네발나비 족속이다. 그런데 정말 놀라운 것은 네발나비들이 성충으로 월동한다는 사실이다.

손톱으로도 뭉개질 연한 몸과 꽃잎보다 부드러운 날개를 가진 나비. 그 조그만 벌레가 산천이 꽝꽝 얼어붙는 산골 겨울을 성충으로 견디다니! 네발나비는 낙엽 아래나 나무둥치 틈새에서 죽은 듯이 겨울잠을 잔다. 그렇게 신비한 월동이 가능한 것은 그 미세한 공간에 네발나비의 월동을 지켜주는 최소한의 기온이 유지되기 때문이다. 그처럼 국소적으로 주변과는 다르게 나타나는 기후를 미기후微氣候라고 한다. 낙엽 몇 장이 생명을 보호하는 따스한 미기후를 만들어내는 힘을 지니고 있다니, 이 지구라는 행성은 얼마나 사랑에 넘치는 장소인가.

"사람은 일단 정서적으로 여립니다. 그래서 1그램의 말에 상처 받기도 하고 용기를 얻기도 합니다. 누구나 사랑받고 인정받고 싶어 합니다. 심리학자 마슬로우는 사랑욕과 인정욕이 채워져야 최후로 자아실현욕이 발동된다고 말하고 있습니다. 그런 욕구를 채워주는 것은 1그램짜리 말 한마디입니다. 한마디 말로 사랑욕과 인정욕이 채워진 사람은 드디어 자기의 인생을 활짝 꽃피울 수 있게 된다는 것입니다."

스승이 말씀하신다. 아, 사람도 저 네발나비와 똑같구나! 몇 마디 따스한 말이 미기후를 만들어내어 외로움과 슬픔이라는 엄동을 넘어서게 한다. 영문도 모른 채 하늘 아래 태어나 낯선 인생길을 걸어가는데 어찌 외롭거나 슬픈 때가 없으리. 어찌 낙엽 몇 장의 사랑을 필요로 하지 않으리.

우주 역사 138억 년을 돌아본다. 우주의 한 변방에 미기후의 미기후가 생겨난다. 그리고 네발나비보다 천 배, 만 배 연약하고 섬세한 생명의 요소들이, 무한 우주를 외로이 떠돌던 그것들이 하나씩 모여들면서 이 우주에 생명의 역사가 시작되었을 터이다. 대단한 것이 있어야 누군가를 지켜줄 수 있는 건 아니다. 생명은 낙엽 몇 장으로도 사랑을 느끼고 삶을 살아간다. 생명의 시원이 본래 그렇게 섬세한 것이기 때문이다.

"한마디 따스한 말로 자아욕구가 발동되어 자기의 인생을 활짝 꽃 피우게 됩니다." 자아를 활짝 꽃 피우게 하는 한마디 말. 그 한마디 말 속에, 낙엽 몇 닢의 미기후 속에 최고의 자기완성이 꽃핀다. 부처가 탄생한다. 생명이여, 인간이여, 사랑이여, 떨리는 마음으로 그대 앞에 무릎을 꿇습니다.

눈이야, 너는 개가 아니다

•

눈이 눈꺼풀에 조그만 뾰루지가 생겼다. 다래끼인 가 했는데 금방 강낭콩 크기로 부풀었다. 수의과에 갔다. 수술을 했지만 우려대로 곧 재발하였다. 수술 후 한 달이 지나자 눈이의 한쪽 눈은 살덩이에 덮여서 보이지 않는다. 귀 아래쪽으로는 커다란 혹까지 생겼다. "더 이상 어쩔 수 없습니다. 맛있는 것 많이 주세요." 의사의 말이다. 눈이는 우울증이 생긴 듯하다. 어느새 13살이다.

스승이 눈이를 위해 법문을 해주셨다. 그래, 누구나 생로병사의 과정을 거치게 되어 있단다. 그런데 눈이가 "나는 개다." 하는 정체성만 고집하지 않으면 아무 일이 없는 거란다. 이 세상엔 본래 변화만 있을 뿐이야. 무엇이라고 딱 정해져 있는 것은 아무것도 없단다. 그런데 어리석은 마음에 "나는 개다." 하면서 그 변화에 저항을 하면 그것으로 불행해지는 거란다.

아! 그것은 눈이만을 위한 말씀이 아니었다. 이 세상엔 본래 변화만 있을 뿐, 무엇이라고 정해져 있는 것은 아무것도 없다. 무유정법無有定法! 그 정법의 틀에 갇혀 우리는 얼마나 편협하고 부자유하고 불행한가! 자의적으로 정법을 만들어서 그 틀에서 조금 벗어나 있는 이들을 가차 없이 차별하고 조롱해왔음에 번뜩 정신이 차려진다. 모습이 조금 다르고 취향이 조금 다른 소수자들은 다수가 멋대로 정해놓은 잣대에 얼마나 시달리고 있는가. 그런데 정법에 시달리는 것은 소수자들만이 아니다. 인류사 내내 99.999 퍼센트의 사람들이 스스로를 '나 아무개'라는 정법으로 딱 규정해놓고 그것에 매달려 자연스런 변화를 슬퍼하고 혐오하며 공포에 떨고 있다. 또 한편으로는 다른 '정법'들과 갈등을 일으킨다. 그리고 헛된 소모전과 저항 끝에 회한에 찬 생애를 마감한다.

눈이야, 너는 개가 아니다. 털로 뒤덮이고 네 발과 꼬리를 지니고 두 개의 눈이 있고 멍멍 짖어야 하는 개가 아니다. 설혹 털이 없어도, 세 발이어도, 꼬리가 없어도, 두 눈이 없어도, 멍멍거리지 못해도 눈이야. 너는 그 어떤 존재에게도 뒤지지 않는 완벽한 존재다. 아무개라는 호칭으로 불리고 있는 아무개야. 너는 아무개가 아니다. 존재는 어떤 고정된 이름으로 생겨나서 그것으로 끝나는 유한물이 아니다. 일회용품이 아니다. 무아無我인 우리는 애초에 어떤 규정으로도 한정되어 있지 않은 무한 자유한 거룩한 존재다.

눈이야, 자연에는 개라는 이름도, 눈이라는 이름도 본래 없지 않니? 우주적 존재인 우리는 이런저런 모습으로 만나 역할을 경험하고 헤어지기도 한다. 그러나 그것은 아름다운 우주의 춤, 때로는 모이고 때로는 흩어지는 우주의 군무群舞, 존재계의 신비한 성장무成長舞일 뿐이란다. 그러니까 눈이야, 우리는 날마다 행복하고 더욱더 행복해지고 있는 것이야.

눈이와 똘이

●

눈이가 우리 집에 온 것은 10여 년 전이다. 산골이 눈으로 하얗게 되었을 때다. 양 옆구리가 서로 붙을 지경이 된 조그만 개가 퇴비더미를 헤치고 있었다. 불러서 찬밥 한 덩이를 주었다. 허겁지겁 먹어치우더니 집 안에 들어오겠다고 방충망까지 뜯었다. 아랫집 형님 말에 따르면 그 개는 한 일주일 성황당 근처를 얼씬거렸다 한다. 개는 '눈이'라는 이름으로 우리 식구가 되었다.

산골에서 사람만 보고 사는 눈이에게 아무래도 동족의 친구가 필요할 것 같았다. 장에 나갔다. 노인의 종이상자 속에 젖떼기 한배 새끼들이 잠들어 있었다. 그중에 수놈은 한 마리뿐이었다. 그 강아지는 똘이가 되었다. 어미와 떨어진 똘이는 눈이 덕분에 새 환경에 잘 적응해 나갔다.

다시 겨울이 되고 산골에 눈이 쌓였다. 눈이가 똘이를 데리고 산책에 나섰다. 제법 쌓인 눈 속에 똘이는 안간힘을 쓰며 제 누이를 따라간다. 눈이는 앞서 걷다가 뒤돌아서 똘이를 기다려준다. 두 마리 작은 짐승의 모습이 참으로 기특하고 어여쁘다. 눈이와 똘이는 서로를 한껏 드러내고 있다. 기다려주고 돌봐주는 눈이의 기특함은 똘이가 있기에 드러나고, 힘껏 따라가는 똘이의 기특함은 눈이가 있기에 드러난다. 그렇게 서로가 서로를 드러내며 함께 경험하고 성장하는 것, 그것이 삶이라는 아리따운 현상이다.

우리의 세계는 잠시도 머물지 않고 끝없이 흘러간다. 그 무엇으로 고정되고 한정될 수 없는 무유정법의 세계다. 이렇게 그 어떤 모습으로도 드러날 수 없는 이 세계는 서로가 서로에게 의지하여 비로소 드러난다. '나'는 '너'에게 의지하여 드러난다. 자식은 부모에, 남편은 아내에 의지하여 드러난다. 흑黑은 백白에 의지하여 드러난다. 동쪽은 서쪽에, 위는 아래에 의지하여 드러난다. 역방향도 마찬가지다. 서로 나누어질 수 없는 이 한 쌍은 그 한쪽이 없어지면 함께 사라진다.

그런데 우리는 '나'라는, '개아個我'라는 어리석음에 빠져서 가를 수 없는 한 쌍 중에서 자신이 해당된다고 생각하는 쪽만 내세우려고 기를 쓴다. 너를 부정하고 나를 내세운다. 부모를 무시하고, 아내를 무시한다. 흑을 무시하고, 서쪽을 무시하고, 아래를 무시한다. 이것은 도끼로 제 발등을 찍는 정도가 아니다. 제 목을 제가 조르는 자해自害요 자폭自爆이다.

제 곁에서 저를 드러내주고 성장하게 하는 존재들이여, 은혜로운 신비여. 이렇게 그대와 함께 무한을 호흡하나니, 이 이치를 거듭 확인하게 하소서. 결코 잊지 않게 하소서.

노랑귀신, 자아귀신

•

벌개미취 꽃대에 노란색 실이 칭칭 감겨 있다. 꽃봉오리는 벌써 노랗게 시들거린다. 서둘러 그 꽃대를 잘라낸다. 함께 노란 실에 감긴 주변 잡초들까지 샅샅이 잘라낸다. 이 노란색 실의 정체는 '실새삼'이다.

기생식물인 실새삼은 뿌리도 없다. 그냥 노란 촉수가 뻗어나가며 닿는 대로 들러붙어 다른 식물들을 빨아 먹는다. 그 무차별 공격성은 거의 역병 수준이어서 대여섯 평 콩밭을 며칠 만에 말려 죽인다고 한다. 엽록소는 없으나 아무튼 씨앗도 초스피드로 생기고 아무데서나 발아해서 다른 식물에 올라타면 뿌리가 없어진다. 그놈에게는 쓸 농약도 없단다. 정말 귀신 같다. 그래서 우리 집에선 아예 '노랑귀신'이라고 부른다.

"자아自我란 없습니다. 자아란 자기에 대한 자기의

생각일 뿐, 그 실체는 없습니다. '나'라는 것은 정말 추상적인 말입니다. 그런데 나다, 나다, 나다 하고 있으면 그것이 딱딱한 '나'가 되어 내 속에 자리해서 자아놀음을 합니다. 그렇게 이 모든 것은 마음이 만들어냅니다." 스승의 말씀에 노랑귀신이 떠오른다. 나는 지금껏 바로 내 속에 그 징그러운 노랑귀신을 모시고 있었구나! 뿌리도 없이 업습의 힘으로 생겨나서 복잡한 생각과 엉클어진 감정의 촉수를 마구 뻗어대며 사단을 일으키는 '자아'라는 노랑귀신!

한마디 말에 가슴에 울렁증이 인다. 그 말을 뱉은 사람에게 골몰할수록 더욱 출렁댄다. 그렇게 밖을 쏘아대다가 문득 정신을 차린다. 속을 들여다본다. 울렁증의 중심에는 그 사람이 아닌 바로 '자아귀신'이 있다. 여지없다. 그러나 어찌할 것인가. 그 귀신의 힘이 만만하지 않음을 거듭 실감한 것은 큰 공부다. 공부했으니 털고 일어나야 한다.

자아도 마음에서 일어나고 해탈도 마음에서 일어난다. 그러면 어느 쪽에 힘쓸 것인가. 주변을 고사시키고 스스로도 자멸하는 그 노랑귀신, 자아귀신 기르기에 힘쓸 것인가. 아니면 걸림 없는 본래 마음을 드러내는 일에 힘쓸 것인가. 2,600년 전, 한 각자覺者가 무아無我-해탈解脫의 말씀을 전해주셨다. 금생의 스승으로부터 그것을 내 마음에 적용하는 법을 배웠다. 노랑귀신에는 약도 없다지만 자아귀신 퇴치에는 '공空을 깨닫는 27가지 길'이라고 하는 지침서도 있다.

이 지침서를 다시 씹는다. 또 빠지고 미끄러지겠지만 실습해가면 한 만큼 좋다. 이치를 모르고 미끄러지면 업습이 쌓이지만 이치를 이해하고 미끄러졌다가 다시 일어서면 그만큼 업습에서 깨어난다.

딱새에게 보내는 편지

●

 동쪽 숲이 아침 햇살로 막 물들기 시작하는 시간. 높은 나무에 작은 새들이 한쪽 방향으로 조랑조랑 앉아 있다. 밤새 떨며 자다가 따스한 해님을 기다리고 있는 것이다. 가슴 아릿하고 사랑스러운 모습이다. 겨울이 되면 작은 새들은 종족이 달라도 서로 무리를 지어 다닌다. 함께 다니면 먹이 발견에도 도움이 되고 밤에는 서로의 체온으로 한뎃잠을 견디어 낼 수 있기 때문이란다. 그런데 벌레가 주식인 딱새는 무리 지어 다니는 일이 없다. 겨울에는 작은 열매를 먹기도 하지만 아무튼 딱새는 천성이 외로운 사냥꾼이다. 그런데 이 꼬마 사냥꾼은 참 기특한 일을 한다.
 어느 해 여름이었다. 옆집 처마 밑으로 딱새가 부지런히 들락거린다. 그런데 그 집 툇마루에 뻐꾸기 녀석이 앉아 있다. 수상한 생각이 들어 얼른 망원경으로 살폈다. 뻐꾸기가 처마 밑으로 사라지더니 잠시 후에 알을 몇 개 물고 나온다! 그리고 고개를 하늘로 치켜들고 알을 연거푸 통째로 삼킨다! 뻐꾸기 눈알이 번뜩인다. 제 몸뚱이의 반의반도 되지 않는 딱새네 둥지에 숨어들어 도둑 알을 낳는다. 그러고는 딱새 알을 모조리 먹어치운다. 딱새는 알을 빼앗긴 것으로 그치지 않고 그 '원수'의 새끼를 기르느라 온갖 수고를 다한다. 아니, 도대체 이런 만행이 용인되는 곳이 생태계란 말인가.

그러나 생각해보니 뻐꾸기의 '뻔뻔한' 짓은 사람이 분개하듯 그런 범죄는 아닐 것이었다. '탁란'이라는 번식 방법이 일방적인 피해자를 만들어내는 시스템이라면 그것이 지금까지 이어져왔을 리가, 이어져왔을 수가 없지 않은가 말이다.

우주는 138억 년을 지속해오고 있다. 그동안 광대무변한 세계가 탄생하고, 지구 위에는 그토록 다양한 생명들이 번성할 수 있었다. 그 비결은 바로 연기緣起라는 상생相生의 이치다. 그러하니 뻐꾸기와 딱새 사이에도 분명 어떤 상생의 원리가 작동하고 있을 것이다. 다만 우리 인간은 이기심에 젖어 비非상생적인 생존방식에 길들어온 탓에 상상력이 빈약해 그것을 쉽게 알아볼 수 없을 뿐이리라. 작은 새들은 강한 모성애를 지니고 있다. 그 덕분에 포식자들 사이에서도 너끈히 살아간다. 그래서 가끔씩 뻐꾸기 새끼를 길러주면서 강한 모성애가 종족의 과잉번식이라는 파국으로 이어지지 않게 하고 있는지도 모를 일이었다.

포르르 딱새가 날아간다. 연기의 이치대로 살아가는 아름다운 작은 새야, 너는 사랑 가득한 우주 질서의 현현이려니. 연기의 꽃밭에서 만난 작은 새야, 네가 살고 있는 그 상생의 이치를 결코 잊지 않게 해주렴. 때로는 내가 너 되고, 때로는 네가 나 되어, 너와 함께 이 연기의 꽃밭을 살아가리니. 이 겨울, 참으로 은혜롭고 아름답구나. 이 가슴 평화로 충만하구나.

상생의 사과나무

•

　이번 겨울엔 도통 눈 소식이 없다. 지난해 사정도 비슷했다. 기온이 영(0)도에서 눈곱만큼만 변해도 얼음은 물로 변한다. 이런 식으로 시베리아 동토까지 녹으면 우리의 고향 지구별에 파국적인 일이 생긴다고 많은 과학자들이 말하고 있다.

　사실 지구 생명의 역사는 처음부터 위기의 역사였다. 원시 생명 최초의 위기는 산소의 위기였다. 탄소동화작용을 하는 시아노박테리아가 대량으로 번성하면서 막대한 산소를 뿜어냈다. 원시 지구의 수소 환경에 적응하던 생명들은 세포라는 공동체가 되어 이 위기를 극복하였다. 미토콘드리아 등등 생명의 원소들이 세포막으로 둘러쳐진 공동체 속에서 산화작용으로부터 보호될 수 있었던 것이다. 그 세포들이 2차 공동체를 이루면서 다세포 생명들이 출현하였다.

중생대의 지구에 떠돌이별이 충돌하였다. 연기로 태양빛이 차단된 지구에서는 양치류의 숲과 거대한 공룡들이 사라졌다. 그러나 쥐와 비슷한 조그만 젖먹이 짐승들에겐 기회였다. 꽃을 피우는 현화식물들도 곤충과 함께 번성하기 시작했다. 포유류는 드디어 원숭이로까지 진화하여 나무 위에서 살았다.

아프리카에서 화산이 폭발하였다. 갑자기 아프리카 중앙에 산맥이 생겨나고 동아프리카는 사막이 되고 말았다. 나무들도 사라졌다. 원숭이들은 이제 땅에서 살아야 했다. 두 발로 걷는 직립보행으로 진화되지 않고는 살아남을 수 없는 처지였다. 그리고 그 위기는 또다시 극복되었다.

참으로 생명은 위대하다. 생명은 근원적으로 지니고 있는 이고득락離苦得樂에의 강렬한 염원으로 매번 위기를 극복하였고 그때마다 엄청난 진화를 이뤄냈다. 그 해결의 열쇠는 바로 '상생'이었다. 생명은 기본 단위인 세포부터 공동체다. 그 공동체가 만들어지지 않았다면 생명은 첫 번째 위기에서 그대로 정지되고 더 이상 진화해나가지 못하였을 것이다.

이제 인류는 기후변화라는 위기에 봉착해 있다. 이번 위기는 자연적 위기가 아니라 인류의 '탐욕'이 만들어낸 인공적 위기다. 그리고 어떤 자연적 위기보다도 아슬아슬하다. 이번 위기 극복에는 그야말로 우리 인간들의 환골탈태가 전제되어야 하기 때문이다. 몇 해 전 나왔던 영화 〈인터스텔라〉는 오염된 지구를 버리고 다른 행성으로 이주하는 이야기다. 그러나 인류의 가치관이 전환되고, 그 의식이 열리지 않고는 새로운 행성에서도 똑같은 탐욕으로 파국을 부르는 과정이 반복될 수밖에 없지 않겠는가.

수련회에서 귀한 사람들을 만난다. 여러 흔적들을 지닌 인생들이 모여서 자신을 돌아본다. 행복해지고 싶건만 왜 행복해지지 못하는가. 진정 '나'라는 존재는 무엇인가. 또 '너'라는 존재는 누구인가. 우리는 함께 각성의 눈물을 흘리고 그 기쁨을 나눈다. 그리고 안내 받은 길로 한 발씩 내딛으며 우리들의 의식을 열어간다. 행복해탈을 지향하는 사람들은 아름답다. 함께 나아가는 사람들은 더더욱 아름답고 고귀하다. 함께 공부하며 마음관리의 능력을 키워가는 수행공동체. 우리 시대의 한 그루 사과나무에 두 손 모아 깊이 감사드린다.

매향, 분향

●

매화가 활짝 피었다. 온화했던 겨울 덕분에 여느 해보다 일찍 만개하였다. 첫봄의 매향은 겨우내 뱃속에 고여 있던 칙칙한 기운을 단번에 정화한다. 향기에 취하는 순간, 맞은편에서 바람이 불어온다. 크흐아! 진하디 진한 분향糞香! 순간 코를 틀어쥐고 싶다. 맞은편 밭에 퇴비가 듬뿍 뿌려져 있는 것이다.

매향에 도취되었다가 얼굴이 찌그러진다. 매향은 좋고 아름답지만 돼지 배설물은 구리고 더럽다고 이 뇌가, 이 코가 그렇게 생각하고 그렇게 느끼는 것이다. 그러나 그 밭의 주인은 어떻게 생각할까. 도시에서 살다가 호사 삼아 산골에 내려와서 매화를 잔뜩 심었다. 그것도 매실 추수보다는 꽃 감상, 향기 감상을 우선하면서 농사에 필요한 퇴비 냄새를 타박한다? 우리 집

매향이 그에게는 오히려 어떤 비웃음을 일으킬지 모른다. 나의 좋고 나쁨은 그의 좋고 나쁨과 일치하지 않는다. 오히려 반대다.

스승이 말씀하신다. "주관성으로 선과 악을 보지 말고 주관성이라는 필터를 빼고 그것을 보아라. 그것은 무기無記요, 초월자요, 신성神聖이다. 고통도 우주의 한 질서다." 매화는 꿀벌들을 끌어들이기 위해 꽃과 향기를 만들 뿐이고 돼지들은 먹었으니 배설할 뿐이다. 그런데 사람의 코에는 매화꽃 냄새가 좋게 느껴지고 배설물 냄새는 좋지 않게 느껴진다. 그것뿐이다. 그런데 우주의 생성물에 대해 사람의 주관적 잣대로 좋다 나쁘다 하고 딱 진리처럼 정해버린다. 그것은 사람의 좁디좁은 주관성을 잣대로 삼아 하느님이 만든 우주를 평가하는 것이니 정말 악마가 있다면 그런 행태야말로 악마의 짓이라 할 것이다.

하느님이 천지를 창조하였다. 푸른 허공을 만들고 그것을 '하늘'이라 이름하였다. 모래알만 한 것에서 싹이 터서 무성하게 자라고 꽃을 피우는 것들을 만들고 '나무'라고 하였다. 숲에서 노는 것들이 먹고 배설하는 물렁물렁한 것은 '똥'이라고 이름하였다. 배설이 원활하지 못해 배가 아프면 그것을 '복통'이라고 하였다. 그렇게 만물을 짓고 이름 붙이고는 당신이 사랑하는 아담과 이브에게 딱 한 가지를 당부하였다. "선악과善惡果는 절대 따먹지 말라." 당신은 필요에 따라 이름을 붙였을 뿐이다. 똥도 하늘과 똑같은 당신의 창조물이다. 그러니 네 멋대로 좋다 나쁘다 하지 말라는 말씀이었다. 그런데 그 둘은 선악과를 따먹고 즉시 자신들의 벌거벗은 몸을 '부끄러운 것'으로 정해버렸다. 그 판단분별 이후 인간세에 얼마나 어리석음과 탐욕과 미움이 넘치고 있는가.

선도 악도 생각하지 않을 때, 너의 본래 면목은 무엇인가. 육조 혜능 스님은 그렇게 묻는다. 예로부터 눈 밝은 분들은 모두 옹색한 주관에서 벗어나 전체를 보라고 말한다. 우주의 본래를 보라고 말한다. 매화가 만개하고 감나무밭에서 퇴비가 익어간다. 풍성한 봄날의 천국이 고스란히 드러나고 있다.

그때나 다름없이

•

 4월이다. 복수초와 함께 시작되어 매화와 수선화로 흐르던 계절이 이제 벚꽃으로 만개하였다. 봄을 우러러본다. 섬세하고 순결한 이들이 바람에 하늘거린다. 꽃송이, 꽃, 꽃잎, 꽃술……. 그 속으로 들어가노라면 그 어떤 시원始源에 닿는다. 지금 이 자리에 138억 년이 고스란히 부활하고 있다. 지금 이 자리에 첫 순간이 온전히 보존되어 있다. 이 꽃잎들은 누구인가. 138억 년을 매 순간 숨 쉬며 지금 여기 나의 눈앞에 현전하는 이들은 누구인가. 138억 년을 치열하게 살아낸 이토록 강렬한 이들은 누구인가. 보드라운 봄바람 한줄기에도 흩어지는 이 연약한 이들은 누구인가.

 봄 바다에 나갔다. 물결 너머 또 물결, 물결, 물결……. 허공 속에서 그저 돌고 있는 이 동그란 지구로

부터 무간지옥無間地獄으로 쏟아져 내리지 않고 둥근 대양을 이루며 지구를 감싸고 있는 이들은 누구인가. 바다, 물결, 물, 물 분자, 산소와 수소. 이들은 누구인가. 낱낱의 소립자이되 모두 한 몸이고 한 몸이되 그냥 스치기만 해도 떨어져 나와 손톱 끝에 머무는 이들은 누구인가.

바다 위를 갈매기들이 날고 있다. 하늘 속을 봄바람보다 부드럽게 스쳐가는 새들의 뱃구레가 설산雪山보다 희다. 이들은 누구인가. 67년 전에 생겨나온 갓난이가 이런저런 곡절을 거쳐 어느 하루, 동해 바닷가 한 움큼의 모래 위에 서 있는 이 시간을 기다려 나의 눈 속에 새가 되어 허공을 유영하는 이들은 누구인가.

지금 여기 존재계의 그 모든 신비가, 모든 기적이 가슴 벅차게 밀려와 무궁무진 그냥 아무 이유 없이 어떤 대가도 요구하지 않고 그저 끝없이 무한히 펼쳐지고 있다. 존재계의 더없는 사랑이, 축복이 이렇게 빛처럼 쏟아지고 있다. 그렇다. 우리는 존재계의 조건 없는 사랑을 받고 있는 고귀한 존재다. 우리는 우리가 생각하고 있듯 그런 조그마하고 보잘것없는 존재가 아니라는 것이다. 달팽이 껍데기만도 못한 에고의 구멍에 갇혀 전전긍긍해야 하는 그런 비참한 존재가 결코 아니라는 말이다.

자신을 에고 속에 칩거하고 있는 '나'라는 존재로 규정하면 주변은 자연히 '나'를 노리고 있는 적이 될 수밖에 없다. 그리하여 에고는 죽는 날까지 시시콜콜 적과 대항하여 다투고 빼앗고 분노를 쏘아대게 된다. 그러나 에고의 첫 번째 피해자는 주변인이 아니다. 뼈 속까지 삭아버리는 피해를 받는 사람은 다른 그 누구도 아니다. 그 최대의 피해자는 자신을 바늘구멍만 한 에고로 한정하고 있는 자기 자신이다. 캄캄한 구멍 속의 에고는 존재계가 아낌없이 쏟아주는 사랑과 신비한 축복을 알아보기는커녕 허겁지겁 독약을 삼키는 데 정신이 빠져 있으니 말이다.

우리는 에고가 아니다. 그렇게 비루한 존재라면 어찌 이 존재계가 우리에게 이처럼 축복을 쏟아줄 수 있겠는가. 하늘을 보자. 꽃들을 보자. 새들을 보자. 저 끝없이 푸르른 물결을 보자. 이 봄날을 보자. 아기부처가 탄생하였을 때와 조금도 다름없는 그러한 축복이, 그러한 기적이 허공 가득 쏟아지고 있다.

낙엽산책

●

　따사로운 겨울 평화가 앞산에 가득하다. 똘이와 산책에 나선다. 산길에 낙엽들이 수북하다. 지난봄에 연둣빛 아기로 생겨난 잎사귀들이다. 얼마 전엔 색색의 장엄이었다. 이제는 이렇게 누워 있다가 어떤 것들은 바람에 실려 가고 어떤 것들은 그냥 바스러져 갈 것이다. 무상無常이다. 무상고공無常故空이다. 항상함이 없으니 잡아둘 수 있는 것은 그 무엇도 없다. 존재계는 텅 비어 있다.

　그렇게 모두들 흐른다. 아기가 멈추지 않고 쑥쑥 자란다. 하얀 앞니가 솟고 걸음마를 한다. 누구나 기뻐한다. 노인도 멈추지 않고 변해간다. 이가 빠지고 걸음이 느려진다. 모두 안쓰러워한다. 똑같은 흐름을 어느 때는 좋아하고 어느 때는 서글퍼한다. 끝없는 흐름은 에너지와 그 에너지에서 생겨난 것들의 기본 속성이다. 아주 느리긴 하지만 바위도 변해간다. 이러한 변화는 어느 쪽에서 보면 생명의 과정이요 또 다른 쪽에서 보면 죽음의 과정이다. 그래서 아기는 태어난 순간 죽음을 짊어지고 있다고도 한다.

음악을 듣는다. 음악은 무상無常의 예술이다. 흐름이 없다면, 이 세상에 어떤 소리 하나만 계속된다면 어떻게 음악이 있을 수 있겠는가. 음악은 무상이라는 우주의 이치가 보내주는 아름다운 선물이다. 음악에 귀를 기울인다. 아무리 듣고 들어도 음악은 쌓이지 않는다. 그냥 향그러운 그 어떤 기운만 서릴 뿐······.

그 무엇도 멈추지 않는다. 그것이 우주의 법칙이고 작동 방식이다. 그런데 우리는 그 법칙을 거스르며 무엇을 잡아두려고 온갖 궁리를 다한다. 끝없는 흐름의 어느 시점을 탄생이라고 규정하고 또 어느 시점을 죽음이라고 규정한다. 무한한 흐름을 자의적으로 끊어내어 애써 유한 속에 가두는 것이다. 있지도 않은 '나'가 그렇게 만들어진다. 그리고는 그것을 지키느라 갖가지 노고를 치르지만 그것은 절대 지켜지지 않는다. 애당초 지킬 수 없는 것을 지키려고 하기 때문이다. 참으로 기묘한 행태다. 무엇이 '나'인가. 한 살 때의 그것이 나인가, 스무 살 때의 그것이 나인가. 일 초 전의 그것도 이미 흘러가 버리고 없다.

낙엽을 밟으며 걸어간다. 이 순간 낙엽을 밟는 것이, 낙엽을 밟는 경험이 존재의 전부다. 이것은 죽음도 삶도 아니고 그냥 경험이다. 전 우주가 하나 되어 만들어내는 신비한 그 무엇이다. 똘이가 이리저리 냄새 맡으며 앞서 가다가 뒤돌아보며 나를 기다린다. 사랑스럽다. 신비하고 신비한 존재계여, 사랑스러움을 경험하게 하는 흐름이여.

존재계의 주민들

•

 덥다. 무지막지하게 덥다. 수박을 잘라서 냉장고에 쟁여두고 시시때때로 꺼내 먹는다. 애고, 그래도 이 끓어대는 염천에 먹으라고 수박이란 것이 생겨나서……여기까지 중얼거리다 보니 정말 그렇다! 정말 수박 보살이다. 어디 수박만 보살인가. 냉콩국수는 보살이 아닌가. 선풍기는, 냉장고는, 손이 시릴 정도의 우리 집 지하수는 보살이 아닌가. 그러면 닭은? 그야말로 살신성인殺身成仁의 보살이다. 헉헉대다 정신 차리고 보니 보살들에 둘러싸여 살고 있다!

 태평세월에는 까맣게 잊고 있던 보살들. 겨울이 되면 또 겨울 보살들이 현신할 것이다. 난로 보살, 솜이불 보살, 털신 보살, 보일러 보살, 그리고 무엇보다도 지금 저 해님이 더없이 지극한 보살로 떠오를 것이다.

이 목숨붙이 하나를 위해 우주가 총동원되어 중중첩첩重重疊疊 알뜰한 보살핌을 보내고 있다. 진정 두두물물頭頭物物이 다 보살이구나.

문득 창문이 눈에 들어온다. 창문! 그 창문은 그냥 물건이 아니다. 그이는 침묵의 보살이다. 무한우주 속을 주유하다가 창문이라는 소임으로 우리 집에 온 그이. 그이는 더 이상 창문이 아닐 때까지 내가 열면 열리고 닫으면 닫히면서 끝끝내 자신의 소임을 해낼 것이다. 궁극의 회향처는 보시요 작선이다. 핵심 소임, 수명 소임, 보시, 감사, 사과, 관용 등의 비소임을 그지없이 행하면서 사는 것이 인생이다……. 동사섭의 명상문을 웅얼거려본다. 나는 저 창문이 하고 있는 소임살이의 절반의 절반도 하고 있지 못하다. 창문은 창문이라는 수명 소임을 핵심 소임으로 하고서 한없는 보시를 베풀고 있다.

그러고 보니 이 우주의 모든 법신들은 완벽한 작선을 하고 있다. 옥수수들은 염천에도 꼿꼿이 서서 탱탱한 옥수수를 생산한다. 단호박들은 맨 땅에 맨 몸으로 누워 익어간다. 참나리들은 잎사귀가 노랗게 마른 채 나리꽃을 피운다. 어떤 철학자는 내일 지구가 끝난다 해도 오늘 한 그루 사과나무를 심겠노라 하였다지만 자연의 모든 존재들은 이미 각자 최후까지 자신의 사과를 맺고 있다. 티끌만큼도 내세우는 것 없이 오로지 존재계를 위한 역할을 살아간다. 완벽한 보살이다.

하늘에 검은 구름이 몰려온다. 아, 구름 보살! 하는데 소나기가 쏟아진다. 아, 아, 아, 진정 소나기 보살!!! 무수보살들의 부축을 받고 있는 이 존재, 어디 감히 불행의 '불不'자인들 발설할 수 있겠는가. 소나기 그치고 울벌레가 운다. 138억 년의 우주가 한 덩이로 보내오는 소리 공양. 이 이상의 음악이 있으리. 나는, 이 나는 누구에게 보살이 되고 있는가.

시냇물을 따라서

●

산골에 살면서 요즘 새삼 고맙게 여겨지는 것은 시냇물 소리다. 눈이 드문 겨울이지만 그래도 물길이 마르지 않았다. 그 소리를 듣고 싶어서 집을 나서 산길을 걷는다.

냇물이 흐른다. 잠시도 쉬지 않는다. 어디 냇물뿐이리. 이 존재계는 그렇게 쉬지 않고 흐른다. 무상無常이다. 눈으로 냇물을 바라보고 졸졸거리는 소리를 들으며 우리의 세계가 죽어서 박제된 세계가 아닌, 이렇게 살아 움직이고 있는 세계임을 다시금 확인한다. 가슴이 설렌다.

그런데 우리는 변하지 않는 덩어리를 인생의 대전제로 삼고 있다. 세상에 태어난 이래 지금까지, 그리고 죽을 때까지 '나'라고 하는 덩어리 속에 웅크리고 있는 것이다. 덩어리라고 해야 우주 차원에서 보면 검불도 안 되는 것인데 그 무게는 세상을 압사하도록 무겁다. '나'가 일어나는 순간 모든 '너'가, 모든 적이 함께 벌떡 일어난다. 그리고 번개보다 빠르게 모든 야망, 모든 시비, 모든 다툼이 일어난다. 곳곳이 긴장된 피아전선이다. 그리고 입맛대로 기억한 과거가 따라붙고 죽음이라는 피할 수 없는 미래가 시커먼 입을 벌린다. 아니, 죽음이라는 대사건까지 갈 필요도 없다. 일상에서 지겹게 반복되는 자질구레한 갈등과 소모전, 모두가 '나'의 작품이요 파생물이다. 참으로 재앙이다.

    시냇물과 만나기도 하고 헤어지기도 하며 길을 걷는다. 마음속으로 무상고공無常故空을 염주알 돌리듯 돌린다. 존재하는 모든 것은 항상함이 없으므로 공空하다……. 찰나에 변해가거늘 그 무엇을 '나'로 붙잡고 있을 수 있는가. 지옥에서 솟아난 미이라 같던 아我가 시냇물의 졸졸거림에 흐물흐물 풀어져 사라진다. 갇혀 있던 마음이 열린다. 산길이 큰길과 만날 무렵엔 마음이 텅 비어서 고요하고 평화하다.

    돌아가는 길, 이번에는 대원大願의 염주알을 돌린다. 겨울 가뭄에도 잘 견디고 있는 벌거벗은 나무들,

무뚝뚝한 바위들, 흩어진 낙엽들과 나뭇가지들, 날아가는 겨울새들. 보이지는 않으나 저 숲 어딘가에 웅크리고 있을 고라니나 멧돼지들. 그리고 이들과 함께 지구의 주민이 되어 살아가는 모든 사람들의 행복을 기원하며 길을 걷는다.

　시냇물이 불러내준 텅 빈 마음은 무심하고 서늘한 석간수다. 여기에 한 방울의 대원 기도가 떨어진다. 석간수가 성스런 향기를 품는다. 우리들은 저마다 그 어떤 이름으로도 담아낼 수 없는 무한의 존재다. 그러나 또한 함께 어우러져야 진실로 축복된다. 그것이 존재의 운명이고 지복至福이다. 존재여, 사랑이여, 신비하고 신비하여라.

옛 물이 있을소냐

•

 냇물이 폭포수 소리를 내고 있다. 태풍이 마구 비를 쏟아낸 까닭이다. 그 소리를 듣는다. 귀에 닿은 소리들은 다음 순간 사라진다. 소리는 머물지 않는다. 냇물도 머물지 않는다. 우리는 그것을 무상無常하다고 한다. 그런데 그 무상이 '허무'로 느껴진다. 옛부터 그렇게 노래한 시인들도 많다. 산은 옛 산이로되 물은 옛 물이 아니로다/ 주야에 흐르니 옛 물이 있을소냐/ 인걸이 물 같아야 가고 아니 오노매라. 황진이가 스승 서경덕을 그리워하며 쓴 시라고 한다. 쓸쓸하기에 더 아리땁게 느껴진다. 황진이님을 가만히 안아주고 싶다. 산도 옛 산이 아니지요. 황진이 당신도, 서경덕 그분도, 그리고 저도 모두 무상합니다.

 씨앗을 뿌린다. 싹이 터서 잎이 무성해지고 꽃이

피어 열매가 달린다. 열매가 커지고 익어서 여럿의 식량이 된다. 열매 생산이 끝난 풀포기는 시들어 이윽고 사라진다. 이것이 무상의 과정이다. 무상을, 허무를 피하고 싶다면 어느 단계부터 피하면 좋을까. 싹이 영원히 싹으로 머물면 좋을까. 잎사귀로, 꽃으로, 열매로, 씨앗으로 머물면 좋을까. 태어난 아기가 자라지 않으면 좋을까. 만약에 그런 씨앗이 있다면 그것은 생명이 아닌 플라스틱이다. 아니, 그전에 이 존재계는 아예 생겨나지 아니했다. 우주의 시원始原인 저 블랙홀이 영원한 블랙홀이기를 바라는가. 무상은, 변화는 바로 생명 현상이다. 그 무엇으로도 규정될 수 없는 이 무한우주의 작동 방식은 바로 무상이다. 끝없는 변화다.

그런데 무상이 허무로 느껴지는 까닭은 무엇인가. 그것은 무상의 영원한 작동 과정 중에서 아주 미미한 부분을 끊어내어 '나'라고 주장하며 그것이 영원하기를 바라기 때문이다. 이런 자가당착적인 욕심은 신이라도 들어줄 수 없을 것이다.

조그맣던 배롱나무가 껑충 커서 가지를 쳐냈다. 데크의 마룻장 하나가 썩어서 구멍이 생겼다. 이사 온 후 십오 년 가까이 모두들 그렇게 열심히 살고 있다.

첫 해에 제 발로 들어온 눈이도 이제는 등이며 얼굴까지 모두 허옇다. 갓 한 살이던 그때는 요염(?)하기까지 해서 '황진이'라고 부르기도 했는데 그렇게 변했다. 눈이도 잘 살고 있다. 그래도 눈이가 변하고 변해서 아주 달라져버리면 나는 분명 눈물을 흘릴 것이다. 그러나 고통스럽지는 않을 것이다. 왼발과 오른발이 있어야 걸을 수 있듯이 우리는 그냥 너와 나의 역할을 하며 함께 기뻐했느니. 스승이 말씀하신다. "죽음은 없습니다. 단지 변화일 뿐입니다." 황진이님에게 말하고 싶다. 우리는 모두 무상합니다. 우리는 모두 생명입니다. 우리는 모두 무한입니다.

자두나무, 부처나무

●

 자두나무도 벌거숭이가 되었다. 언제부터인가 열매도 달리지 않고 꽃마저 볼품없게 되었다. 잘라야 하나 망설이다가 동네 아저씨에게 물었다. 아, 열매 달리는 나무는 잘 먹여야 돼요. 봄, 가을로 퇴비 잘 주고, 가지도 쳐주고. 그러면 꽃도 잘 피고 열매도 잘 달려요. 아, 그것이 자두나무인걸. 아저씨 말은 자두나무는 자두가 달리게 되어 있다는 것이다. 자두가 달리지 않는 것은 관리 부족이라는 진단이다.
 그렇다. 자두가 열리는 것은 그 속에 자두가 달릴 가능성이 있기 때문이다. 가능성이 없다면 애당초 자두가 어찌 달릴 것이냐. 그리고 또한 아무리 가능성이 있다고 한들, 관리하지 않으면 드러날 수 있겠는가.
 쩅하게 맑은 초겨울 하늘을 올려다본다. 조선의

푸른 하늘 참으로 아름답다. 무덤 위 붉은 흙에/ 바늘귀 구멍 내어/ 훔쳐두고 보고픈/ 조선의 푸른 하늘. 예전에 그런 글을 쓴 적이 있다. 정말 그랬다. 죽는다 해도 아쉬울 것은 그 무엇도 없는데 푸른 하늘은 보고 싶었다. 어째서 그랬을까. 그 까닭을 새삼 생각해본다. 모든 사람들이 푸른 하늘을, 창공을 좋아하지 않겠는가. 푸른 하늘, 한없는 푸르름. 한限이 없는 무한無限의 그 푸르름. '나'라는 표딱지를 움켜쥐고 '나'라는 유한의 틀 속에서 아옹다옹하면서도 우리는 본능적으로 무한을 그리워하고 있었던 것이다. 그 어떤 규정, 그 어떤 속박, 그 어떤 걸림도 없는 무한을, 무한 해탈을!

    싯다르타 태자가 부처를 이루고 해탈한 것은 사람이 본래 부처를 맺고 해탈을 이룰 수 있는 부처 나무, 해탈 나무이기 때문이다. 애당초 가능성이 없었다면야 싯다르타 태자인들 부처 열매를, 해탈 열매를, 자비의 열매를 어찌 맺을 수 있었겠는가. 우리 속의 가능성이, 미처 꽃피지 못한 가능성이 아우성치며 우리로 하여금 저 푸른 하늘을 그리게 하는 것이다. 무덤 속에서도 저 푸른 하늘을 그리워하게 하는 것이다. "진정 자유롭고 싶은가? 그렇다면 그 진정성 자체만으로도 탐진치貪

瞋癡, 탐욕, 분노, 어리석음의 기세가 꺾인다." 스승의 말씀이 떠오른다.

 자두나무에 귀를 기울인다. 외침이 들린다. 가능성을 활짝 꽃피우고 싶어요. 꽃과 열매로 다른 이들도 행복하게 해주고 싶어요. 모든 존재들은 행복해지고 싶어 한다. 그리고 존재들은 연기적이기에 자신의 행복으로 다른 이들을 행복하게 해준다. 겨울이 닥치기 전에 뜨락의 나무들에게 퇴비를 듬뿍 주어야겠다. 당신을 행복하게 하는 이 마음으로 나도 행복합니다. 나를 행복하게 해주는 모든 존재들에게 두 손 모아 절을 올립니다.

잘 가, 베짱이!

•

　조카 내외가 쌍둥이들을 데리고 왔다. 꼬마들이 이제는 제법 종알댄다. 마당에서 깡총대다가 베짱이를 보고는 눈이 똥그래진다. 그건 베짱이야. 엄마가 그렇게 말하니 금방 '베짱이'라고 잘도 따라 한다. 아기들이 새 단어를 배우고 그것을 옹알거리는 양을 보면 참으로 사랑스럽다. 사람만이 지닌 이 능력! 그런데 이 능력이 행복을 부르는 진짜 능력이 되려면 잊지 말아야 할 것이 하나 있다.

　자연에는 본래 그 어떤 이름도 없다. 이름이란 138억 년의 우주사가 99.999% 흐르고 나서야 생겨난 인간이라는 족속이 지어낸 자의적인 약속에 지나지 않는다. 사람들은 서로 어떤 약속을 해두고 그 약속을 소통을 위한 편리한 도구로 쓰는 것이다. 아기들은 그 도구를 통해 사물을 인식하며 어른이 되어간다. 그래서 '나'라고 지칭되는 '나'가 여기 '있고' '베짱이, 국화, 배추'라고 지칭되는 것들이 저기 '있다'는 것을 추호의 의심도 없는 기초 신념으로 삼고 만다.

그러나 본래 서로서로 연결되어 있는 한 덩어리 존재계를 개별적인 실체로 나눈 것에서부터 갈등과 불만이 시작된다. 전체에서 떨어져 나온 파편인 '나'는 또 다른 파편인 '너'에 대해 주관적인 평가를 가하고 끌어들이거나 밀어내고 싶어 한다. 그러나 그 무수 파편들을 어찌 다 제 뜻대로 할 수 있단 말인가. 이름으로 조각내는 그 순간, 이미 욕구불만이, 피아전선이, 에고의 지옥이 시작되고 마는 것이다.

이 존재를 '나'라는 이름으로 지칭한다. 그러면 즉시 무언가 견고한 방어선이 둘러쳐지고 긴장감이 서린다. 그런데 아무 이름 없이, 본래대로 그냥 존재하면 가슴이 텅 비고 어떤 울타리도 느껴지지 않는다. 무한감이다. 참 이상하지 않은가. 어째서 이런 차이가 생기는 것일까. 어떤 이름으로도 갈라지지 않고 모두가 하나이던 태고, 우리의 의식은 그 태고의 평화감을 조금도 손상하지 않고 고스란히 지니고 있다. 감각, 인지하면서 그에 상응하는 느낌을 느끼는 이 신비한 의식! 그 느낌이 좋은 것을 행복이라고 하고 지고하게 좋은 것을 해탈이라고 한다.

"엄마, 인제 벌레 잘 가라 할래." 비닐봉지에 베짱이를 넣어서 들고 다니며 좋아하더니 이제 그만 놓아주고 싶단다. 예쁘고 예쁜 아기들! "또 올게요." 하면서 볼에 뽀뽀를 한다. 아이고, 부드럽고 촉촉한 이 촉감이라니! 그렇지 아기들아, 때가 되면 반드시 그 이름이라는 실체들을 놓아주렴. 그 이름이 도구임을 알고 편리하게 쓰기만 하렴. 그리하여 너희들의 그 본래의 천진함으로 너도 나도 없이 훨훨 무한히 행복해지렴. 사랑하고 사랑한다. 우리 아기들!

나도 그러한가

•

옛 경전에 이런 이야기가 있다. 싯다르타 태자가 동문 밖에서 늙은이를 보았다. 남문 밖에서는 병든 사람을 보았다. 그리고 서문으로 나가 상여를 보았다. 태자는 이 광경을 보고 마부에게 물었다. "나도 저들처럼 늙고 병들고 죽는가?" 충직한 마부는 이렇게 답하였다. "예, 그렇습니다. 왕자님께서도 장차 그렇게 되십니다." 이 일화를 두고 오쇼는 이렇게 찬탄한다. "어떤 것을 보았을 때 그것을 곧 자기 자신에게 적용하는 이 놀라운 지성을 보라."

우리는 무엇을 듣고 보면 그것은 남의 일이려니 한다. 친척들이 모였다. 어느 재벌가의 갑질이며 꼴불견 정치인이 화젯거리로 나온다. 분노 어린 비난이 시작된다. 열기가 대한민국을 넘어 동북아시아로, 세계로 퍼져 나간다. 미국, 일본, 중국의 탐욕이 난도질 당하다가 급기야 통일을 둘러싸고 의견대립이 생긴다. 목청이 높아진다.

세상에 살고 있으니 당연히 세상사에 관심을 가져야 한다. 그러나 내 속에도 관심을 기울이고 나를 돌아볼 수 있다면 더욱 좋지 않겠는가. 내 속에는 거만함이나 탐욕이 없는가. 세상의 시끄러움에 나는 일말의 책임도 없는가. 수련 프로그램을 소개하면 이런 반응을 만나기도 한다. 아, 그거, 우리 남편 가라고 하면 참 좋겠다. 좋은 것 같긴 한데 모든 사람에게 다 좋을까. 남편이 마음공부를 하면 좋지만 내가 하면 더 좋다. 남들 문제도 다 해결하면 좋겠지만 우선 자신의 문제만이라도 해결되면 그만큼 남들에게도 좋다.

스승의 강의를 떠올린다. "노병사老病死라는 인간의 태생적 한계에 대한 싯다르타의 문제의식, 그것이 불교의 물꼬를 튼 것입니다. 이 문제의식은 또한 여러분의 문제의식이 되어야 합니다. 깨달음을 얻은 부처님은 녹야원에 가서 3개월에 60명의 아라한을 만들어내십니다. 이 60명의 아라한을 남의 이야기로 여깁니까? 이 60명의 아라한은 바로 여러분의 이야기가 되어야 합니다." 부처님도 이렇게 말씀하신다. 목동이 남의 소만 헤아리고 있어서야 되겠느냐.

각자 힘껏 꽃을 피운 캐모마일이 아름다운 꽃밭을 이루었다. 이 지극한 꽃잎들이 향그러운 차가 되어 인간의 몸을 따스하게 한다. 스스로에게 묻는다. 나도 그러한가. 나는 어떠한가. 나는 나의 소를 헤아리고 있는가.

관점 공부

새 봄을 맞이하면서

●

입춘이다. 설날이다. 새봄이, 한 해가 시작된다. 한 살이 더해진다. 몸이, 인생이, 저 끝머리에 가까워지고 있는 것이다. 그런데 마음은 그냥 평온하다. 환갑이 되도록 따라붙던 조급증, 초조함, 아무리 해도 채워지지 않는 어떤 헛헛증 같은 것. 그런 것들이 언제부터인지 고요해진 것이다.

두 아이가 대학생이던 시절, 아이들을 떼어놓고 산골로 들어왔다. 오랫동안 바라온 자연 속의 생활이 드디어 시작된 것이다. 그리고 막연히 어떤 수행 같은 '호사'도 염두에 있었다. 말하자면 팔자 편한 '성공한' 은퇴자가 된 것이다. 그런데 거의 습관처럼 되어 있는 그 알 수 없는 증세는 여전했다. 그것은 도시에 있을 때보다 더 강해진 것 같았다. 책을 읽는다. 그 책이 좋으면 좋을수록 얼른 읽고 또 한 번 읽어야지 하는 마음이 따라붙는다. 집안일을 하면 허겁지겁 한다. 이런 허드렛일은 얼른 끝내고 무언가 최고로 가치 있는 일을 하고 싶다는 마음이다. 그런데 일들을 다 끝내고 나면 별 중요한 일도 없고 마음만 헛헛했다. 무엇이 불만이지, 하고 물어도 그 답을 알 수 없었다.

산골 생활 6년째 되는 해, 앞산 조그만 절에서 만난 비구니 스님이 오셔서 '동사섭'이라는 공부터를 일러주었다. 오대산 가까운 산골에서 지리산 가까운 곳과 인연이 된 것이다. 지금 생각해봐도 신기한 일이다. 그곳에서 비로소 그 허전함의 정체를 알게 되었다. 그것은 본래 온전한 존재인 우리가 본래의 상태에서 벗어나 있음을 알리는 긴급 신호요 고통의 호소였다. 무의식 저 깊은 곳에서부터 끝없이 발하고 있는 온전함에 대한 끈질긴 그리움이었다. 진정 스스로를 사랑한다면 제일 먼저 할 일은 그 호소에 귀 기울이고 근본 원인을 돌아보는 일이었다. 그래서 이 존재를 본래의 건강한 상태로, 본래의 행복으로 회복하는 일이었다. 동사섭과 인연되어 8년이 지난 지금 그것을 사무치게 이해하고 있다.

존재계는 중중연기하는 한 덩이요 찰나무상한 본래 초월의 세계다. 그런데 우리 인간은 이 한 덩이를 무수 아이템으로 실체화했다. 먼지만도 못한 파편으로 전락한 '나'는 나머지 무수한 파편들 사이에서 늘 사방을 두리번거리며 헛헛증을 앓는다. 존재계 유일한 현장인 '지금 여기'를 살지 못하고 언제나 지나간 과거 혹은 오지 않은 미래로 인해 허깨비처럼 방황한다.

스승이 처방을 주셨다. '그냥 있음'이라는 사다리로 올라가 본래 온전한 의식을 경험해보아라. 이 존재계는 본래 어떤 개념도 쥐고 있지 않고 무념으로 그냥 있다. '무엇'이라고 하는 어떤 한정도 없다. 그 본래의 무한을 느껴보아라. 본래 온전하다는 것을 깨우치면 더 이상 무엇을 욕구하겠느냐. 욕구는 저절로 떨어져 나가고 무욕의 평화가 충만할 것이다. 그 처방으로 오늘도 세세생생의 숙환宿患을 날려 보낸다. 고요함과 평화가 점점 일상으로 녹아들고 있다.

관점 공부

•

밭으로 내려가는 계단에 꽃잔디가 만발했다. 계단이 가장 아름답게 보이는 지점에서 사진을 찍는다. 사진을 찍을 때마다 떠오르는 스승의 말씀이 있다. "대상을 바라보는 관점은 수없이 많다. 그런데 어째서 자신을 행복하게 하는 관점으로 바라보는 대신 자신을 속상하게 하는 관점으로만 바라보려고 하는가."

사진을 찍을 때 가장 아름답게 보이는 곳을 찾듯이 상대에 대하여, 상황에 대하여 가장 아름답고 긍정적인 점을 보려고 한다면? 관계에서 얼마나 큰 기쁨을 맛볼 것이며 세상에서 얼마나 많은 감사거리가 발견되겠는가. 첫 수련에서 들은 그 말씀이 이제 내 인생의 보배다.

계단 맨 아래쪽에 엎드려 사진을 찍었다. 꽃잔디

와 철쭉 그리고 조팝까지 얼굴을 내밀었다. 아름답다.
"관점이 전부다." 그 말씀이 새삼 깊이 스며든다.

놓치고 싶지 않은 것

•

　도시에 살 때였다. 사진기를 들고 아파트 뒤뜰을 어정대다가 나무 등걸에 매달린 매미 껍데기를 만났다. 흙투성이다. 그런데 눈이 초롱하다. 그냥 껍데기가 아니다. 방금 땅속에서 올라온 거룩한 생명이다! 아, 버러지에게 날개가 돋치는 천지개벽의 의례가 베풀어지고 있는 것이다. 6년 만의 우화羽化, 그 현장을 지켜보노라니 가슴이 두근댄다. 그런데 매미의 생애는 도무지 알 수가 없다. 빛으로 나가려고 땅속에서 6년을 기다렸는데 겨우 한 철로 끝이라니…….

　매미 소리가 들려온다. 올해의 첫 매미다. 불현듯 그 매미가 생각난다. 아, 그렇구나! 그렇구나! 매미는 6년 만에 빛을 만난다! 그런데 나는? 암흑 속에 몇 년이나 있었던 걸까. 육십갑자를 한 바퀴 돌고 나서야 처음으로 공부터를 찾았다. 그러나 어찌 60년 만이었겠는가. 세세생생 깜깜하게 살았으니 600년 만이었는지, 6,000년 만이었는지, 아니면 아예 138억 년 만이었는지 누가 알랴! 매미라는 자연물은 저 싯다르타 수행자와 똑같이 6년 만에 비상을 한다. 그런데 이 물건은 온갖 주관적 작위로 똘똘 뭉쳐서 얼마나 오랫동안 땅속에 묻혀 있었던 것일까. 6년 만에 창공을 날다가 한 철 지나 떠나는 매미. 한 철이 짧게 느껴지는가. 성인聖人은 아침에 도道에 들면 저녁에 죽어도 좋다 하는데 눈감은 자는 아무리 오래 살아도 여전히 허기를 느낄 것이다.

60년 만인지 6,000년 만인지 땅속에서 기어 나왔다. 스승의 말씀을 들었다. 실체시實體視는 지옥이다. 연기시緣起視로 벗어나라. 한 생각을 바로 하라. 잘 이해하는 것이 깨달음이다. 가르침을 따라가며 본래 멸滅을 확인한다. 가슴이 뻥 뚫린다. 맹구우목盲龜遇木, 바다 속을 떠돌던 눈먼 거북이 통나무를 만난 것 같은 인연을 다시는 놓치고 싶지 않다. 이해했으면 반복 관행하며 곱씹어라. 그 말씀에 몇 번이고 몇 번이고 귀 기울인다.

갈림길

•

 흔히 사람을 만물의 영장이라고 한다. 지구 위에서 가장 진화된 생명이 사람이라는 것이다. 이 말에 반대할 사람은 없을 터이다. 하느님도 동의한다. 하느님이 만물을 창조할 때 당신의 형상을 따서 사람을 만들었노라고 고백하지 않았는가 말이다.

 그런데 세상에서는 이런 말도 흔히 쓰인다. ×같은 인간, ××만도 못한 인간. 인류사에는 핏빛 선명한 악인들의 행적이 있다. 로마를 불태우고 시를 썼다는 네로 황제는 애교스러울 정도다. 사실 인간의 역사는 전쟁의 역사이지 않은가.

 그러나 인류사에는 또한 성인들의 행적도 있다. 예수, 부처, 소크라테스, 공자 등등 인류의 스승들만이 아니다. 삶터의 곳곳에서 어려운 이웃들에게 손을 내

미는 이름 없는 천사들의 행렬이 끊이지 않는 것도 사실이다.

그러니까 사람이 만물의 영장이라고 불리는 까닭은 사람이 똑 부러지게 선인善人이거나, 성인聖人으로 태어나기 때문이 아니다. 정확하게 말한다면 인간은 만물의 영장이 아니라 만물의 영장이 될 가능성을 지니고 있다고 해야 할 것이다. 변화할 수 있는 가능성이야말로 사람을 다른 동물과 확연하게 차별화한다. 개는 아무리 훌륭해야 조금 영리한 개고, 아무리 고약해야 사나운 개다. 그러나 사람은 추락하면 끝이 보이지 않도록 추악해지고 성장하면 부처를 드러내고 신성神性을 내보인다. 개는 개로 태어나 개로 끝나지만 사람은 사람으로 태어나 악마로 끝날 수도 있고, 성인으로 끝날 수도 있다는 것이다.

우리는 너나없이 미숙하다. 그러면 우리 보통사람들은 어떤 지점에서 추락과 성장의 길로 갈라지게 되는 걸까. 그곳은 어떤 깨어남, 어떤 눈뜸의 지점이지 않을까 한다. 그 갈림길은 습관적인 삶에서 의도적인 삶으로 전환되는 지점에서, 즉 실체사고에서 벗어나 연기적 관점으로 들어서는 지점에서 시작된다. 나에게 우연히 흘러들어온 습관적인 관점을 아무런 반성 없이 추종하는 삶에서 번쩍 깨어나 이 '나'가 스스로가 그렇다고 믿어왔던 진정 그러한 '나 아무개'인지 돌아보는 지점. 그리고 이 '아무개'를 위해 하나라도 더 움켜쥐려고 하는 탐진치貪瞋癡라는 무한 관성이 정말 우리의 행복에 도움이 되는 것인지를 진정성 있게 따져보게 되는 지점. 그 지점이 바로 갈림길의 지점이다. 스승에게 그 방향을 확고히 안내받는다. 그리고 그 길을 줄곧 걷는 것은 오로지 나의 일이다.

 몇 해 전 노트르담 성당의 화재를 전 세계가 안타까워했다. 그 이유는 그 성당이 유명한 관광명소이기 때문은 결코 아닐 것이다. 성당은 인간 영혼의 고양을 위해 지어진 성소聖所다. 인간이 형상뿐 아니라 그 혼까지 그분처럼 고귀한 경지로 나아가게 하는 거룩한 장소다. 우리의 영혼은 화재의 위험에 노출되어 있지는 않은가. 탐진치로 마구 불타고 있지는 않은가 돌아본다. 지금 네 머리칼에 불이 붙었다고 외치는《수심결修心訣》의 말씀에 가슴이 쿵! 하고 크게 울린다.

강도 씨, 고장 씨, 구박 씨, 최하 씨…

●

　내 이름은 유 아무개다. 아버지로부터 '유'라는 성을 물려받은 것이다. 그러면 내 피 속의 '유'씨 순혈은 얼마나 될까. 한강물에 부어넣은 물감 한 숟가락 정도나 될까. 아니, 생명이란 것 자체가 혼혈의 결과인즉 순혈이란 게 있기나 하겠는가. 여성단체가 부모의 성을 함께 쓰자는 제안을 한 적이 있다. 그랬더니 일군의 남성들이 수락 불가의 이유를 밤새도록 궁리했다. "부모의 성을 함께 쓰면 이런 끔찍한 일이 벌어진다!"는 것이다. 강도 씨, 임신 씨, 배신 씨, 고장 씨, 한심 씨, 구박 씨, 최하 씨……. 신문 한 면에 아름답지 못한 성이 가득했다. 웃음이 터졌다. 참, 애들 쓰시는군요.
　각설하고, 아무튼 그렇게 '유아스런' 갈등은 '이름'이라는 것이 일으키는 풍파 중에서 극히 초보적인 것에 불과하다. 피부경계선을 둘러치고 있는 이 물건을 '나'라는 이름으로 부른다. 그러나 빅뱅 이래 지속되고 있는 우주의 온갖 작용으로 생겨난 이 물건이 과연 '나'인가. '나'라는 순혈은 태평양 속의 이슬방울 정도도 없을 것이다. 그런데 이 '나'라는 이름으로 인하여 세상 곳곳에 피아전선이 생겨나고 있지 않은가.

마당 풀무더기 속에 나리가 피었다. 심지도 않았는데 스스로 날아와 피었다. 그런데 이 꽃이 정말 '나리'인가. 그것은 그 자연물에게 붙여 놓은 편리한 호칭에 불과하다. 일본인들은 그 자연물에게 '유리ゆり'라는 호칭을 붙이고 영국인들은 '릴리lily'라는 호칭을 붙였다. '나리'는 빅뱅의 산물인 자연일 뿐이다. '나' 역시 그러하다. 스스로 그러한 자연自然이다. 자연에는 본래 어떤 이름도 없다. 부계고 모계고 따질 것이 아예 없다.

나리와 내가 서로 바라본다. 나리야, 너는, 또한 나는 어떤 이름으로도 한정되지 않은 무한無限이나니. '나리'라는 호칭의 자연과 '나'라는 호칭의 자연이 서로에게 번져든다. 그 사이에 이름이라는 경계선은 없다. 무한 세계는 그지없이 평화하다.

실용적인 처방

●

 마음이 편치 않다. 속이 묵직하다. 아니, 저하고 나하고 그럴 사이야. 그동안 내가 저에게 어떻게 했는데. 생각을 거듭하고 있노라니 서운함을 넘어 밉기까지 하다. 부정적 상황을 만든(정확하게 말하면, 만들었다고 내가 생각하는) 상대를 씹을수록 마음이 개운해지기는커녕 오히려 더 답답해진다. 도대체 왜 그럴까?
 부정적 상황이 반전되려면 그 인간이 내 기호대로 바뀌어야 한다. 그런데 지금의 그 사람은 과거에 쌓인 인因의 총결산이다. 그러니까 그 사람을 내 기호대로 바꾸려면 그 사람을 낳은 인들을 모조리 소급해서 고쳐야 한다. 그것은 거의 99.99 퍼센트 불가능하다. 우리의 무의식은 그것을 잘 알고 있다. 불가능함을 몇 번이고 확인하고 있으니 마음이 더 답답해질 수밖에 없다. 그런데도 내 에고는 용을 쓴다. 내 속에서 자해소동이 벌어진다.

그러다가 문득 '손가락 방향'을 바꾸어본다. 손가락을 그 인간이 아니라 나에게로 돌려본다. 그랬더니 방향이 달라진 것만으로도 어떤 '희망'이 느껴진다. 참으로 신기한 노릇이다. 이것은 또 무엇일까?

저 인간 바꾸기는 가능성 거의 제로다. 그런데 이 인간 바꾸기는 쉽지만은 않겠으나 성공 가능성이 있다. 저놈 생각의 주인은 저놈이지만 내 생각의 주인은 '나'이기 때문이다. 비로소 숨통이 열린다. 스승이 구비해놓은 생각 바꾸기 도구들로 다시 연습하기 시작한다. 공空을 이해하는 27가지 공리空理. 현실수용. -구나. -겠지.

그만하니 감사하다. 으~흠!……. 그 도구들을 적절하게 활용하면서 연습하면 연습한 만큼 행복 관리의 능력이 향상된다. 그리고 그렇게 탁마해가는 인생은 진정 살아봄 직하지 않은가.

손가락 방향을 돌려 생각을 바꾼다는 것은 도덕적 요청이 아니다. 그것은 나의 행복, 나아가 우리 모두의 행복 증진에 효과를 보증하는 실용적 처방전이다. 손가락 방향 바꾸기, 부지런히 연습한다. 하늘이 푸르다.

나는 좋은 느낌을 원하는가

•

　동사섭 첫 수련회 때였다. 여러분, 모두 행복을 원하십니까? 하는 질문에 커다랗게 "예!~~~" 하고 대답했다. 지극히 당연한 질문 아닌가. 그런데 행복이 무엇이냐고 묻는다. 정말 그것이 무얼까, 하는데 '행복은 좋은 느낌'이란다. 아, 아, 그, 그렇지, 행복은 좋은 느낌이지. 끄덕끄덕한다. 그런데 "여러분, 진정 행복을 원하십니까?" 하는 확인 질문이 떨어진다. 아! 나는 행복을, 좋은 느낌을 '진정!' 원하고 있었던 걸까?

　입씨름이 붙었다. 상대의 말이 비논리적이다. (아니, 내가 비논리적이라고 생각한다.) 상대가 틀렸음을 '날카롭게' 지적한다. 상대도 지지 않고 끝까지 대응한다. 은근히 화가 난다. 이 순간 나는 상대를 내 논리 앞에 굴복시키는 '에고의 승리'를 원하고 있다. 모임에서 누가 제 자랑에 열을 올린다. 정말 못 봐주겠네. 어서 이 자리가 끝났으면 싶다. 이 순간 나는 잘났다고 떠드는 사람을 내 잣대로 판단하면서 자신이 더 잘났음을 확인하는 '에고의 만족감'을 원하고 있다. 계획대로 일이 되지 않는다. 일을 틀어지게 한(아니, 일을 틀어지게 했다고 내가 생각하는) 장본인에 대해 몇 번이고 혀를 찬다. 이 순간 내가 원하는 것은 '에고의 분풀이'다.

인생은 늘 어떤 곳에 임하는 과정이다. 그럴 때 기본적으로 어떤 생각으로 그곳에 있는가. 마음속에 늘 '이 장場의 주인인 나는 이 장을 천국으로 만들리라' 하는 가치관을 장착하라는 것이 스승의 말씀이다. 그런데 '나의 현실'을 돌아보니 내가 장착하고 있는 것, 내가 노리고 있는 것은 '에고 만족감'이었다! 그야말로 '있는 곳마다 에고'였던 것이다!

소름이 끼친다. 태생적으로 방어적이고 공격적이고 불화하는 '에고'를 중심에 두고서 어떻게 감히 행복을, 좋은 느낌을 원하노라 하였던 말인가. 돌덩어리를 안고서는 헤엄칠 수 없듯이 에고를 안고서는 행복을, 좋은 느낌을 느낄 수 없다. 에고가 만족되면 기분 좋지 않느냐고 묻는가. 그것은 '우리 모두의 좋은 느낌'이 아니라 상대를 무참하게 하는 야비한 우월감으로 바로 어리석음의 다른 이름이다.

삶의 궁극적 목적은 우리 모두의 행복이다. 행복이란 좋은 느낌이다. 바람직한 관점을 지니면 좋은 느낌이, 행복이 따른다. 바람직한 관점으로 전환하는 것, 그것이 깨달음이다. 인식할 수 있고, 느낄 수 있는 의식을 지닌 이 존재는 이 말씀을 곱씹으며 오늘도 길을 간다. 어느새 뜨락에 마타리가 피어나고 있다. 전 우주가 동원되어 보내오는 가을 선물이다.

어떠세요?

•

"어떠세요?" 첫 수련 첫 시간에 들려온 일성一聲은 전혀 예상 밖이었다. 조금 어리둥절했다. 그 첫 질문을 받은 지 아홉 해가 되었다. 이제는 그 질문의 함의를 이해하고 있다. 이 질문은 사람으로 태어난 우리가 스스로에게, 시시때때로 던져야 하는 질문임을 알게 된 것이다.

초등학교 때부터 학교에서 '장래 희망 조사'라는 것을 했다. 앞으로 무엇을 이루고 싶은가, 아니면 무슨 직업을 원하는가 하는 조사였다. 우리 인류사는 그렇게 무엇을 이루는 역사였다. 이루고 이루며 거듭 이루어왔다. 그리하여 동굴 속에서 살던 조상들은 상상조차 할 수 없는 천문학적인 소유를 이루어냈다. 그러면 그에 따른 만족감은 어떠할까. 무언가를 이루기 위해 우리는 미래의 목표를 향해 달린다. 그런데 그 지점에 닿았다 하면 새로운 목표점이 생긴다. 아무리 달려도 소유를 향한 갈증은 결코 충족되지 않는다. 그것은 중독이다. 중독은 행복의 유사물들이 흔히 지니게 되는 부작용이다.

이제 인류는 달나라에 가는 과학기술도 가지고 있고, 인공지능이라는 것도 소유하게 되었다. 지구를 몇 번이고 날릴 수 있는 원폭도 있다. 초미세먼지도 엄청나게 '성취'되었다. 덕분에 산골에도 야외 숨쉬기 조심 경고가 떨어져 집 안에서 창밖만 내다보고 있다. 하늘을 날고 있는 새들에게, 꽃봉오리가 부풀고 있는 목련에게 미안하다.

2,600년 전, 태중에서부터 그 나라 최고의 지위를 약속받고 태어난 인도의 한 젊은이는 29세에 가진 것을 모두 아낌없이 버렸다. 그의 관심사는 소유가 아니라 자기 존재의 상태였다. 스스로에게 "어떠세요?"를 물었던 것이다. 그리하여 그는 이 마음이 어떤 조건도 필요 없는 본래 멸滅의 대해탈 상태임을 발견하였다. 왕이 되어도 그 마음이 끝내 불안하다면, 그리고 걸식을 해도 마음이 무한 평화, 무한 자유함으로 넘친다면

어느 길을 갈 것인가는 분명했다.

첫 수련이 끝나고 스승께 삼배를 올렸다. "행복하고 평화로우시고 무한자가 되십시오." 스승은 그렇게 축원해주었다. 그 축원의 말씀이 "어떠세요?" 하는 질문과 연관되어 있다는 것을 알아챈 것은 수련을 거듭하면서였다.

"어떠세요?" 지금, 이 마음의 상태를 묻는다. 정신을 차린다. 내 안을 살피고 느껴본다. 거기서 행복과 평화를 발견한다. 그것은 어떤 이름으로도 규정되지 않는 무한자인 존재가 본래적으로 지니고 있는 것이다. 궁극의 행복과 평화는 성취하는 것이 아니라 발견하는 것이다. 그것을 발견하고 나면 세상에서의 성취는 끝도 없이 쫓아야 하는 중독물이 아니라 웃음거리 삼아 그냥 해나가는 즐거움이 된다.

오로지 나에게

●

스승이 지족知足을 말씀하신다. 우리는 이미 넘치는 소유, 넘치는 행복 속에 있지 않느냐고 깨우친다. 그런데 의문이 떠오른다. 지족하라는 가르침이 혹시 약자들을 억압하는 논리가 되지 않을까 하는 것이다. 이런 의문을 품고 있으려니 답이 떠올랐다. 그 답은 '모든 가르침은 오로지 나에게 적용시킨다'였다. 나에게 따귀를 맞고 분노하는 상대에게 "그만하니 감사하지 뭘 그래?" 한다면 그것은 '지족 깡패'다.

시비하지 말라는 가르침을 받는다. 그래서 왜 시비하느냐고 시비한다. 서로를 배려하라는 가르침을 받는다. 그래서 나를 왜 배려하지 않느냐고 대판 해댄다. 받아주기를 잘 하라는 가르침을 받는다. 그래서 받아주기를 하지 않는 사람에게 화가 터진다. 우리는 이렇게 귀한 가르침들을 남의 인생에 쏟아버리고 있다. 자기 인생보다 남의 인생에 그렇게도 관심이 많다. 미숙한 행동을 안아주라는 가르침은 나의 혼을 구제하기 위한 것이지 미숙한 행동을 한 그 사람을 위한 것이 아니다. 그 사람 구제는 순리에 따라 절로 공짜로 생길 수 있는 고마운 부산물이다. 그렇다. 가르침은 나의 혼을 위한 것이다.

뒤뜰 바위에 산수국 한 포기가 돋았다. 그것도 바위 옆구리, 가느다랗게 갈라진 틈에서 돋았다. 언제 돋았는지 꽃까지 피었다. 세 송이가 피었다. 그이는 하필이면 옹색한 바위틈에 떨어졌느냐고 징징대는 데 에너지를 소모하지 않았다. 그 대신 본래 지니고 있는 가능성을 활짝 피어내는 데 열중하였다. 그리고 지금 그이는 기쁨에 충만할 뿐 너희들도 지족하라고 설교하지 않는다. 바위벽에 피어난 꽃이 생명의 감동을 전해온다. 지족은 자연의 라이프 스타일이다. 푸른 꽃이 아름답다.

요리책 읽기, 만들기, 맛보기

●

 부엌 한 쪽에 책이 몇 권 꽂혀 있다. 요리책들이다. 요리 명인의 책도 있고, 스님의 책도 있다. 텃밭에서 나오는 부식거리를 맛있게 먹게 해주는, 아주 요긴한 책이다. 요리책은 그냥 읽기만 하는 것이 아니다. 잘 하든 못 하든 책에서 안내하는 대로 실제로 음식을 만들어 먹기 위해 필요한 책이다.

 40대 초반부터 불교 내지 명상 관련 책들을 읽기 시작했다. 그런데 아는 것도 같고, 모르는 것도 같다. 안다는 것은 이런 식이었다. 《반야심경》 해설서는 모모 출판사 것이 좋음. 오쇼 책에는 명상에 대한 기발한 설명이 있음. 해탈은 《금강경》 몇 장에 있음. 그런데 아무래도 이상하다. 그것은 요리책을 읽고서 이런 말을 하는 것과 비슷하다. 황태국은 전통 요리책에 있음. 장아

찌는 아무개 명인 책에 자세히 나와 있음. 저녁밥은 모 요리책 몇 페이지에 있음.

그러다가 스승의 말씀을 들었다. "모든 문화 문명은 인간의 행복에 복무하기 위한 것이다. 불경도 부처도 우리들의 이고득락離苦得樂을 위한 도구이다." 지당한 말씀이었다. 속이 시원한 말씀이었다. 그러면 독서를 도구로 이용하려면 어찌해야 하나. 그 비결은 '최소한의 인문학과 최대한의 사유'였다. 이것저것 인문학 컬렉션을 할 것이 아니라 어느 책이건 한 우물을 파는 식으로 그 메시지를 곱씹고 잘 이해하여 그에 따른 해탈감을 맛보라는 것이다. 모든 감각 인지 과정에는 그에 상응하는 느낌이 따르는 법이니 그 느낌을 맛보라는 것이다.

해탈감! 나를 결정적으로 구원해준 것은 바로 그 말씀이었다. 저 고귀한 산봉우리 꼭대기에 있는, 알 수 없는 그 무엇을 '해탈'이라고 생각하던 나에게 '해탈감'이란 말씀은 그대로 개안開眼의 인술仁術이었다. 피와 살을 가지고 이렇게 숨을 쉬고 있는 이 존재의 마음에서 피어나는 느낌이라는 것을 도외시한다면 무엇으로 해탈을 경험한다고 할 것인가. 음식은 그것을 만들어서 맛을 보고 먹어야 비로소 음식이다. 음식은 만들지 않고 요리책 읽기에만 바쁘다면 그런 엉뚱한 일이 있겠는가.

해탈은 용타 스님 저서 《공空》 몇 쪽에 있음. 이제는 그런 짓거리를 하지 않는다. 모든 존재는 인연에 의해 존재하므로 공空하다. 연기고공緣起故空을 씹으면서 겹겹이 둘러쓰고 있는 실체사고의 억압을 벗어난다. 풀려나고 풀려나 허공처럼 가벼워진다. 해탈이 아니라 해탈감이다. 직박구리가 감을 맛있게 먹고 있다. 그 녀석, 행복하겠다.

우리 모두의 행복

•

천둥이 친다. 똘이가 덜덜 떨고 있다. 녀석을 방에 들여주었더니 의자 밑에서 잠이 들었다. 눈이는 멀쩡한데 똘이는 천둥을 무서워한다. 겁이 별로 없는 강아지와 조금 많은 강아지. 두 마리의 차이는 그 정도뿐, 서로 크게 다르지 않다. 강아지는 강아지로 태어나서 강아지, 개로 죽는다. 그런데 사람은 그 다름이 그야말로 천지현격이다.

출근하는 시민들을 아무 이유 없이 사린가스로 공격하여 수십 명을 죽이고 수천 명을 다치게 하였던 일본 옴진리교 교주가 형 집행으로 생을 마감하였다. 테레사 수녀는 세계 여러 곳에서 45년간 빈민과 고아, 병자들을 위해 헌신하였다. 인류 역사를 보면 예수, 부처, 소크라테스, 공자 등 성인들의 계보가 있다. 다른 한쪽에는 또한 수많은 악인들의 계보가 있다. 극과 극이다. 도대체 이 다름은 어디에서 시작되는 것인가.

삶의 모습을 결정하는 핵심적 요인은 가치관이다. 가치관 중에서도 가장 중요한 것은 목적 가치관이다. 우리 삶의 궁극적 목적은 우리 모두의 행복이다. 첫 번째 수련에서 이 말씀을 처음 들었을 때는 훌륭한 말씀이다, 하는 정도였다. 그런데 공부가 깊어질수록 그 '흔해 빠진' 말씀이 그야말로 천지개벽의 말씀으로 파고든다. 아, 그것이다! 삶의 궁극적 목적은 '나의 행복'이 아니고 '우리 모두의 행복'이다. 나의 행복과 우리 모두의 행복, 그 차이가 옴진리교 교주와 테레사 수녀의 차이다.

옴진리교 교주도, 히틀러도, 그리고 사회적 공분을 사는 정치인들도 인생의 목적이 행복이라는 데에는 별다른 이의가 없을 것이다. 모두 행복해지고 싶다고 하면서 고상한 이름을, 절대 권력을, 억만금을 탐하지 않았겠는가. 그런데 그들이 인생의 궁극적 목적이 우리 모두의 행복이라는 데에도 손을 번쩍 들겠는지 의심하지 않을 수 없다.

우리 모두의 행복, 이 존재계 자체가 한 덩이 네트

워크임을 제대로 인식한다면 이것은 그럴 수밖에 없는 결론이다. 부처님은 평생 무아無我와 자비慈悲를 설하였다. 연기라는 존재법칙을 발견한 그분은 출가 동기였던 죽음이라는 문제에서 해탈함과 동시에 이 세계가 한 몸임을 여실히 알았으니 자연히 그 인품에 대자대비의 기운이 충만하였을 것이다.

"사람은 완고한 것 같지만 사람처럼 소프트한 존재도 없습니다. 우리 존재의 바탕이 에너지이기 때문입니다." 첫 번째 수련에서 들은 말씀이다. 사람은 소프트하다. 사람은 변화할 수 있다. 그래서 불경을 보면 살인귀도 부처님을 만나 남은 생을 수행자로 맑게 살았다. 깨달음이란 바로 그 변화다. 실체사고에서 연기적 사고로 변화하는 것, 전환하는 것, 그것이 깨달음이다. 삶의 궁극적 목적을 에고의 행복에서 우리 모두의 행복으로 전환하는 것, 그것이 깨달음이다. 모든 꽃들이 함께 행복한 꽃밭이 참으로 아름답다.

우주의 의무교육

●

 명절이다. 풀과 나무들은 봄부터 애쓰기 시작하였다. 끓어대는 여름도 견디며 우주의 에너지를 모았다. 그리고 이제 그것을 살뜰히 익혀서 그냥 내주고 있다. 이런 계절이 어찌 명名, 절節이 아닐 수 있으리. 그런데 무언가 바쁘다. 아들 내외가 오겠다기에 오라고 했으니 청소부터 해야 한다. 이부자리도 살펴야 한다. 장도 봐야 한다. 마트에 내려갔더니 장사진이다. 정육부 앞에서 길게 늘어서서 기다린다. 줄이 줄어들지 않는다. 문득 피곤감이랄지, 어딘가 따분한 감이 스멀거린다.

 얼른 정신 차린다. 그냥 있어 본다. 저 줄이 언제 줄어드나 걱정하지 않는다. 할 일이 무엇 무엇 남았나 조급증 내지 않는다. 그냥 있어 본다. 그랬더니 그냥 있어진다. 아무 일 없다. 편치 않던 그것들이 어딘가로 사라지고 가슴은 아무 일 없이 고즈넉하다. 그렇지, 이것이 전부이지. 본래 그렇지. 그런데 참 이상하지 않은가. 줄이 길면 그냥 기다리면 될 뿐인데 어째서 구시렁거리게 될까. 할 일이 있으면 그냥 하면 되는데 어째서 걱정부터 끌어들일까. 참 야릇한 습쩥이구나, 하다가 이번엔 그 습도 그냥 끄덕여준다. 세세생생 그런 습을 쌓아왔으니 그렇게 되는 건 자연스럽지, 그렇게 다독거린다. 깜빡, 저쪽으로 끌려가려다 그냥 여기에서 바라본다. 평온하다. 어느새 내 차례가 되었다.

동사섭에서 난생 처음으로 초월이라는 가르침을 받았다. 그런데 그 초월이라는 것이 무지무지 수행한 끝에 도달하는 어떤 특별한 경지가 아니었다. 우리가 코로 숨 쉬며 살고 있는 이 현장이 바로 초월이었다. 그런데 실체살이에, 개념살이에 중독된 우리는 지나간 과거를 되씹고, 오지도 않은 미래를 걱정하느라 유일한 존재 현장인 '지금 여기'를 다 놓치고 있다! 그러하였으니 과연 이 물건은 진정 존재한 적이 있는가. 세세생생, 영문도 모르고 태어나 꿈속을 살다가 꿈속에서 죽는 일을 되풀이하였을 터이다. 그렇다면 너무도 억울하지 않은가. 138억 년 동안 한 번도 제대로 존재하지 못하였다면 너무도 억울하지 않은가.

'그냥 있는 학습이 부처학습이다.' 스승의 말씀을 상기해본다. 그냥 있는 학습, 부처학습. 아, 그것은 별난 학습이 아니고 존재계가 부과하는 의무교육이다. 진정 존재하기 위한 초등교육이다! 아, 풀은, 나무는 지금 여기 그냥 온전히 존재하면서 존재계를 위한 소임을 백 퍼센트 살고 있다. 정신 차리고 보니 이 존재계의 구성 주민들은 그 태생이 부처이고 보살이다. 뒤뜰의 오미자가 새빨갛게 익었다.

의식공간 정리정돈

•

　인생살이에는 여러 이슈가 있다. 그런데 그 이슈들에 대한 나름의 태도를 가지고 살아야겠다는 생각은 그다지 해본 적이 없었다. 그러다가 수련회에서 이런 말씀을 들었다. "의식공간을 정리정돈하라." 그런데 어떻게 정리정돈한단 말인가. 그것은 그런 이슈들을 바라보는 관점의 선택임을 깨우치는 데는 제법 시간이 필요했다.

　그동안 어떻게 살았는지 뒤돌아본다. 그저 막연히 남들 하는 식으로, 애매하고 모호하게, 때로는 앞뒤가 서로 모순되게 이럭저럭, 아니 비틀비틀 살아왔다. 남들이 하니까 나도 학교에 가고, 돈 벌고, 결혼하고, 자식을 낳았다. 이제 남은 일은 남들이 다 그러니까 나도 늙어가다 죽는다는 것인가.

스승이 내세관來世觀을 정리해두라고 말씀하신다. "내세가 있느냐고 묻는다면 답은 세 가지뿐이다. 첫째는 '모른다'이다. 모르면 믿는 일이 남았다. 그래서 두 번째 답은 '없다고 믿는다'가 되고, 세 번째 답은 '있다고 믿는다'가 될 것이다. 이 셋 중에서 무엇이 옳은가. 이것은 옳고 그름의 문제가 아니라 선택의 문제이다. 그러면 그 선택 기준은 무엇인가? 어떤 관점이 우리의 행복해탈에 도움이 되는가 하는 것이다."

관점 선택의 기준. 그것은 바로 '우리의 행복해탈'이다. 내세가 있는지 없는지 '모른다'로 내버려두면 우리의 생은 모호하게 흘러가게 된다. 그리고 '없다'고 믿는다면 허무하거나 급해진다. 금생에 무엇이든 다 성취하고 누려야 하니 조급증이 일어난다. 그러나 무슨 수로 '다' 하겠는가. 결국 애쓸 것도 없다는 심리가 되고 일회적인 생은 되는 대로 소모된다.

그러나 그것이 '있다'고 믿는다면 어떻게 될까? 분명히 금생을 함부로 살 수는 없을 것이다. 금생을 엉망으로 살면 다음 생은 그 엉망에서부터 시작해야 하기 때문이다. 내생이 있다고 믿는다면 지금까지 거쳐온 과거 생도 돌아보게 된다. 그리고 우주 먼지에서부터 거쳐온 의식 진화의 과정을 금생은 물론 다음 생에도 꾸준히 밟아가겠다는 마음이 되지 않을까. 이렇게 '있다고 믿는다'는 관점을 선택하고 보니 이 존재는 무한히 새로운 차원을 열어가는 여정 속에 있는 진정 숭고한 존재로 떠오른다. 아, 이것이 관점 정리의 공덕이구나! 관점 정리, 그것은 인생의 주인이 되는 1번 작업이다.

    비가 쏟아진다. 원추리에 매달린 잠자리 날개에 차돌 같은 물방울이 열린다. 잠자리가 측은하다고 보면 이 마음이 슬퍼진다. 그런데 잠자리의 무심한 인욕바라밀을 바라보면 이 마음에 기전향의 기운이 차오른다.

지닌 것 관리하기

●

오늘도 풀을 뽑는다. 넓은 터에서 살고 있으니 별수 없다. 겨울이 되어도 마른 꽃대며 낙엽을 치우는 일이 계속된다. 마당이 있으면 마당 관리는 필수다. 마찬가지로 몸이 있으면 몸 관리가 필수다. 그래서 하루에 밥 세끼 먹어주고 씻어주고 옷도 입히고 운동도 한다. 몸 관리를 잘하고 있는 것이다. 그런데 우리는 몸만 가지고 있는 것이 아니라 의식도 가지고 있다. 그러면 그 의식 관리는 얼마큼 하고 있는가. 그것에 얼마나 관심이 있는가.

우리는 의식 관리를 '수행'이라는 특별한 이름으로 부른다. 그리고 그것은 수행자라는 특별한 사람들의 몫이라고 생각한다. 마당이 있으면 마당 관리를 해야 하듯 몸과 의식이 있으면 당연히 몸 관리, 의식 관리를 해야 하는데도 말이다. 나 자신도 동사섭을 만난 후에야 의식 관리가 인생의 당연한 요청이라는 사실에 눈을 뜨고 화들짝 놀랐다. 그리고 뒤돌아보았다. 3년 묵힌 묵정밭 정도가 아니었다. 나의 의식은 미망과 탐욕과 분노라는 잡초에 뒤덮여 있었다. 그러면서 그 잡초밭에서 행복의 꽃이 피기를 애타게 바라고 있었던 것이다.

풀 뽑기를 잠깐 쉬면서 꽃밭을 돌아본다. '춤추는 칼dancing sword'이라는 절묘한 이름을 지닌 불꽃 같은 작약을 바라본다. 아찔하도록 아름답다. 3월 초부터 부지런히 풀 뽑고 퇴비를 준 공덕으로 작약 꽃밭을 조성한 이래 최고의 꽃이 피었다. 풀 뽑기로 말끔해진 길도 걸어본다. 개운하고 시원하다. 그 모두 풀 뽑기와 비료 주기라는 인因에 따른 과果로 나타난 것이다. 우주에는 공짜가 없다. 인을 심지 않고도 과가 생겨나는 일이란 결코 없다. 이 우주는 그렇게 공평무사하고 공명정대하다.

정원 관리는 영 자신이 없으면 정원사에게 부탁해도 된다. 그러나 의식 관리는 아무에게도 부탁할 수 없다. 물론 수련 프로그램 등등의 도움을 받을 수는 있다. 그러나 석가모니 부처님이 환생하여 몸소 진행하는 수련회라고 해도 그 자리에 달려가서 그 말씀에 귀를 기울이고, 그것을 이해하고 내 속에 스며들게 하고, 내 의식의 성숙도를 높이는 것은 부처님이 아니라 나 자신의 일이다. 아무도 그 일을 대신 해줄 수 없다. 내 의식의 최종 관리자는 오로지 나 자신이다. 그래서 내가 불행해도 행복해도 책임자는 나 자신이다. 스스로를 성숙하게 하고 행복하게 하는 길은 무소의 뿔처럼 혼자서 가는 것, 홀로 책임지고 홀로 가는 것이다.

프로도 이야기

•

　책상 구석에 카카오 인형이 있다. 땀을 뻘뻘 흘리며 누군가에게 커다란 꽃다발을 바치고 있다. 인형의 이름은 '프로도'라고 한다. 프로도가 전하는 남과 여의 에피소드가 재미있어 책상 위에 두고 가끔 먼지를 털어준다.

　프로도를 앞에서 보면 땀방울 맺힌 얼굴이 보인다. 옆에서 보면 장미다발이 보인다. 위에서 보면 두 귀가 보인다. 그리고 뒤에서 보면 뒤통수와 엉덩이가 보인다. 그렇다. 우리는 두 눈을 뜨고 있어도 자신의 시선이 닿는 부분만을 볼 뿐이다. 아무리 눈알을 이리저리 굴려도 프로도의 전체 모습은 결코 잡히지 않는다. 이런 사실을 처음 알아차렸을 때 너무도 놀라웠다. 전체 모습은 영원히 잡을 수 없다! 단지 나의 시선이 닿는 부분만을 볼 수 있을 뿐이다! 그러면 우리가 보고 있는 것은 도대체 무엇이란 말인가. 아득한 느낌이 들었다. 어떤 모습이 진짜 프로도인가. 진짜라면 각각의 시각에서 보이는 모습 전부가 진짜고 가짜라면 그 모습 전부가 가짜라고 할 수밖에 없다.

첫 수련 때였다. 우리 삶을 결정하는 결정적 요인은 '가치관'이라는 말씀을 들었다. 고개를 조금 갸우뚱했다. 그런데 수련을 거듭하며 그 말씀을 음미해볼수록 고개가 끄덕여진다. 전모를 결코 알 수 없는 이 무한우주는 나의 가치관에 따라, 관점에 따라 그 모습을 드러낼 뿐이다. 프로도라는 조그만 우주가 내가 바라보는 관점에 따라 각기 다른 모습을 드러내듯이 말이다. 그러면 어떤 관점이 옳은 관점인가. 그것은 옳고 그름의 문제가 아니다. 그것은 선택의 문제다. 수수 많은 관점 중에서 우리 모두의 행복에 도움이 되는 관점을 선택하면 된다. 그런 관점을 정견正見이라고 한다. 수련생이 된 지 여덟 해가 지났다. 정견을 이해하고 거듭 그 관점으로 존재계를 바라본다. 모순투성이였던 세계가 본래 평화의 모습으로 드러나고 있다.

우리 연기적 세계여

서로가 서로에게

●

유튜브에 들어가 보니 별별 동물들의 이야기가 다 있다. 우리 사람들은 다른 동물들을 '짐승'이라는 이름으로 부르며 사람보다 못한 존재로 취급한다. 그런데 그 '짐승'이 헤어진 주인을 애타게 그리워하고 다친 동무에게 먹이를 물어다 준다. 가슴 뭉클하다. 그리고 짐승들도 사람과 마찬가지로 정신질환을 앓는다.

눈앞에서 어미 코끼리가 총에 맞아 쓰러지는 것을 본 아기 코끼리, 서커스단에서 오랫동안 학대 받았던 곰이나 사자, 우리에 갇혀 평생 새끼만 낳던 어미 개가 정신질환을 앓는다. 무기력증에 빠지거나 극도로 난폭해지고 발작 증세와 정서불안을 보이는 것이다. 이 동물들의 비극은 모든 생명은 '정서'라는 아주 섬세한 에너지를 지니고 있으며 합당한 관심을 받지 못한 정서는 질병으로 발전하고 만다는 것을 생생하게 말해준다.

1960년대, 제인 구달이라는 여성 동물학자가 아프리카 오지에서 침팬지들을 관찰하며 침팬지들의 감정 생활을 전했다. 그때 동물행동학의 주류를 이루고 있던 남성 학자들은 제인 구달이 감상 놀이를 하고 있다고 조롱하기까지 하였다. 그러나 제인 구달은 죽은 새끼를 며칠이고 품에 안고 다니며 슬퍼하는 어미 침팬지의 모습을 상세히 기록하였다. 이제는 모든 생명들이 '느낌'이라는 메커니즘을 지니고 있으며 행복을, 좋은 느낌을 원하고 있다고 하는 것이 적어도 조롱의 대상이 되지는 않는다. 그렇다. 모든 존재들은 이고득락離苦得樂을 원하고 있음을 잊어서는 안 된다. 싯다르타 태자부터 정글의 침팬지며, 벌레와 풀포기에 이르기까지 말이다.

우리들의 세계는 중중첩첩 서로 연결된 연기적 세계다. 서로가 서로를 불행하게 할 수도 있고 행복하게 할 수도 있는 세계에 살고 있다는 것이다. 그런데 불행에 빠지면 정신질환이 생기고, 살 수 없게 되어 있는 것이 생명의 속성이니 우리가 살아가는 길은 오직 하나, 서로가 서로를 배려하고 사랑하는 길뿐이다. 존중

받지 못하면 누구라도 병에 떨어지고 살지 못한다. 사람도, 사자도, 코끼리도, 강아지도. 하다못해 물건도 거칠게 대하면 상처 나고 깨어지지 않는가.

겨울이 닥쳐와 구석마다 낙엽이 수북하다. 그런데 낙엽더미 한가운데서 보랏빛 쑥부쟁이가 덩실하게 피어났다. 놀랍다. 쑥부쟁이는 낙엽들의 온기로 올해의 마지막 꽃을 피웠을 것이다. 우리 연기적 세계, 눈물겹고 아리땁다.

스스로 해야 할 단 한 가지

　봄이다. 지난 명절날 복수초 꽃봉오리로 고개를 내밀던 봄이 이제는 여기저기서 마구 솟구치고 있다. 우리의 푸른 별이 우리에게 안겨주는 계절은 늘 아름답지만 잔설殘雪 사이로 풀꽃들이 찾아오는 이 계절은 그중에서도 각별하다.

　낙엽을 조그만 들추어도 연둣빛 눈인사와 만난다. 부지런한 우주의 어머니들! 우리 동물들은 제 입에 들어갈 콩알 하나 만들 줄 모른다. 그 무능한 동물들을 끊임없이 먹여주며 줄기차게 걸어온 푸른 보살들. 그 보살들이 맨몸의 꽃봉오리로 우리를 찾아온다. 노루귀, 깽깽이, 얼레지, 제비꽃. 그리고 지난여름에 지상에서 사라진 수선화들이 새파란 정수리를 내보인다. 그 모습에 일상의 시시콜콜한 것들에 점령되어 있던 이 마음이 문득 우주를 회복한다.

이 아름다운 이들은 어디에서 오는가. 138억 년을 아득히 더듬어 올라가면서 이 존재계가 중중연기하는 하나의 공동체임을 상기한다. 우주의 식구들은 검불 하나도 그 모두 우주 전체의 합작품이다. 눈송이 하나하나, 꽃송이 하나하나, 그 모두가 무한우주가 동원된 위없는 최고의 예술품이다. 모습으로 드러난 무한우주다. 보리수 아래에서 연기緣起라는 이치를 발견한 그분은 '이 세상에 부처 아님 없다'고 토로하였다. 그 이치를 사무치게 보고 말로 할 수 없는 벅찬 경이로움에 쌓인 그분이 검불도 모래알도 풀잎사귀도 그 모두 부처라고 할밖에 더 이상 무슨 말씀을 할 수 있었겠는가.

우리는 모두 부처다. 무한우주의 전적인 사랑을 받고 있는 귀한 존재다. 어머니 우주는 우리들을 위해서 필요한 모든 것을 구비하고 나서 이 존재를 생겨나게 하였다. 우리의 의식과 몸, 공기와 물, 햇빛과 흙, 그리고 들판의 갖가지 곡식들……. 우주는 이 '나'를 위하여 우주가 할 수 있는 모든 것을 구비해주었다. 단 한 가지만 뺀 모든 것을.

우주는 그것을 해줄 수 없기에 그것을 빼놓은 것

이다. 우리가 스스로 할 수밖에 없는 그것, 그것은 마음의 눈을 뜨고 본래의 무한보無限寶를 알아보는 것이다. 이것을 해내지 못하면 우리는 무한 행복을 눈앞에 두고도 자신을 불행에 빠뜨리고 주변에 그 불행한 기운을 퍼뜨리게 된다.

우리는 기적이다. 끝내 무엇이라고 규정될 수 없는 신비다. 빅뱅 이래 그렇게 흘러와 지금 여기, 이 자리에서 이런 모습으로 살아가고 있는 이것이 기적이 아니라면 무엇이 기적인가. 봄이 돌아오고 산천에 그냥 꽃이 피는 이 세계가 신비가 아니라면 무엇이 신비인가. 이 신비를 살면서 지금 우리는 무엇을 하고 있는가. 스승이 말씀하신다. "너는 1원의 이익을 얻으려고 1,000억짜리 네 영혼에 상처를 내고 있구나." 비수 같은 말씀에 다시금 깨어나며 천지의 부처들에게 합장을 올린다.

뒷북을 울려라

●

"아픔을 주었을 때는 사과하십시오. 그리고 아픔을 받았을 때는 널리 관용하십시오. 사람이란 누구나 아픔을 줄 수도 있고, 아픔을 받을 수도 있는 그런 존재 아니겠습니까?"

스승의 말씀을 듣는데 콧등이 시큰해진다. 이치를 이해하고 익히는 공부는 건조하다는 인상이 들 수도 있다. 그러나 공부가 익어들수록 그 이치의 바탕에 깊고 섬세한 이해심과 자비심이 서려 있음을 알게 된다. 그렇다. 누군들 처음부터 원숙하겠는가. 돌아가신 부모님에게, 형제들에게 나는 미숙한 딸이었고 동생이고 누나였다. 그리고 남편과 아이들에게 미숙한 아내요 어머니였다. 그러니 주변에 이런저런 상처를 주었을 것임은 분명하다. 그런데 스승의 말씀에 미숙한 이 존재가 그대로 수용되는 듯하다.

악해서 상처를 주는 것이 아니라 미숙해서 상처를 준다. 자기 생각과 사실을 구별하지 못하고 매사에 주관적 잣대를 진리인 양 휘두른다. 파도가 출렁인다. 스스로는 물론 주변도 함께 휩쓸린다. 편협한 소견이 미숙의 핵이다. 그런데 누구나 미숙한 구석이 있으니 인생살이는 결국 상처로 끝나는 고해苦海란 말인가. 아니다. 삶은 상처만으로 끝나지 않는다. 사람은 본능적으로 행복을 원한다. 사람뿐 아니라 모든 생명이 그러하다. 벌레도 안전한 곳을 찾아 열심히 기어간다. 풀꽃도 햇빛을 향해 넝쿨을 뻗어 올린다. 사람은 벌레나 풀꽃과 마찬가지로 안전욕, 사랑욕을 해결하려고도 하지만 거기에서 한발 더 나아간다. 사람은 자아실현욕을 꽃피우려 한다. 해탈하려고 한다. 2,600년 전, 카빌라 성의 왕자가 그러했듯이.

우리가 본능적으로 행복을 원하고 있다는 것은 우리의 의식이 본능적으로 더 높은 차원으로 나아가려고 한다는 뜻이다. 성숙은 바로 행복의 다른 이름이다. 고통은 우리를 성숙하게 하는 시발점이다. 고통은 진정 성제聖諦, 성스러운 가르침이다. 미숙한 우리들은 성숙해가면서 뒷북을 칠 수밖에 없다. 그리고 뒷북을 치면서 성숙해간다.

그렇게 생각하니 그동안 만난 모든 역경계逆境界가 은인들이다. 미숙한 나를 공동체의 일원으로 받아준 모든 존재들은 그대로 보살이다. 저로 인하여 고통 받은 모든 존재들에게 깊이깊이 사과드립니다. 저를 아프게 한 모든 인연들이여, 성숙의 길로 인도해주었음에 진정 감사드립니다. 미숙한 우리는 서로에게 보살이요 스승입니다. 아, 연기적 존재계의 오묘한 섭리여, 오묘한 축복이여, 무릎 꿇고 절을 올립니다.

무력하고 위태로운

•

　새벽 유치원은 컴컴했다. 그 시간에 유치원에 간 이유는 단 하나. 진열장 속의 곰 인형을 실컷 품어보고 싶어서였다. 심리학자들의 말에 의하면 '나'라는 것은 '내 것'부터 시작한단다. 꼬마들이 "우리 엄마야!"라든가 "내 거야!" 하는 소리를 곧잘 하는 건 그런 이유 때문이란다. 나에게도 그 '나'는 그런 '애착'으로 시작되었다. 그리고 중년기가 다 흘러가도록 그 '나'는 건재하였다.

　그런데 그날이 찾아왔다. 50대가 시작되고 산골로 들어왔을 때였다. 명상에 대한 책을 읽다가 퍼뜩 기막힌 사실을 알아차렸다. 이 '나'는 '나'가 원해서 세상에 온 것이 아니다! 그리고 앞으로도 '나'가 원해서 이 세상을 떠나게 되는 것이 아니다! 지금껏 이 '나'가 '내 인생'을 주도하고 있다고 철석같이 믿고 있었다. 그런데 그 '나'는 인생의 처음과 끝, 어느 쪽에도 주도권이 없었다. 한참을 책상 위에 고꾸라지듯 엎어져 있었다.

다행인지, 불행인지 그 무력감은 다시 습관 속에 잊혀졌다. 그러다 동사섭이라는 공부모임과 인연이 되어 스승의 말씀을 들을 때였다. "아我는 나를 말하고, 법法은 이 세상 전부를 말하는 것이지요." 그 '아'가 엄청난 충격파를 일으켰다. 아! '나'를 빼곤 그 전부가 무한우주인데 그렇다면 이 검불 같은 '나'가 무한우주와 대치하고 있었다는 것이구나! 그동안 단 십초만이라도 이 사실을 인지하고 있었다고 한다면 '나'는 무한우주의 무게로 압사 당했어야 했다. 아니면 수십 번이고 정신병원에 실려 갔어야 했다. 그런데 지금껏 멀쩡하다는 것은 이 '나'가 거의 무뇌아無腦兒 수준이었다는 뜻이다.

예전의 충격이 다시금 살아났다. 아무런 주도권이 없는 '나'. 그리고 무한우주와 대치하고 있는 검불 같은 '나'. 그토록 무력하고 위태로운 것이 '나'라면 도대체 삶이란 것은 무어란 말인가. 행여나 기적적으로 무언가에 매달려 있다 한들 그것은 결코 삶일 수가 없다. 그랬다. 이미 2,600년 전의 스승이 그리 말씀하셨고

금생의 스승도 귀가 닳도록 말씀하시듯, 그따위 '나'라는 것은 도무지 있다고 할 수가 없다. 그 무능한 것이 어찌 삶을 이끌고 갈 수 있겠는가 말이다.

스승의 안내를 따라간다. 연기적으로 작동하는 이 존재계는 하나로 연결되어 찰나무상으로 흘러가고 있다. 그러하니 그 어디를 끊어서, 그 어디를 고정하여 나다, 너다 하겠는가. 그 엉뚱한 실체들을 내려놓고 그냥 있어 보라. 그냥 깨어서 그때의 네 마음을 경험해보라. 느껴보라. 너와 나의 경계선이 사라진다. 모든 이름이 사라지고 그냥 하나로 트인다. 둘이 아니다. 티끌만큼도 더할 필요 없이 이미 스스로 온전하다. 욕구는 절로 사라져 아무 걸림이 없다. 삶이라는 신비를 살고 있는 것은 '나'라는 검불이 아니다. 그것은 그 무엇으로도 한정되어 있지 않아 걸릴 바가 본래 없는 무한無限이다.

그냥 누리기

•

아기의 첫 번째 생일상. 정성어린 음식 외에도 책, 돈, 실타래 등등이 올라 있다. 아기가 책을 잡으면 학자가 될 것이고, 돈을 잡으면 부자가 될 것이며, 실타래를 잡으면 긴 수명을 얻을 것이다. 사람들은 아기의 재롱을 보며 미래를 축복한다.

우리는 인생을 당연히 무언가를 이루고 소유하는 과정으로 생각한다. 그 '소유'라는 것을 생각해본다. 인류사는 소유를 둘러싼 치열한 다툼의 과정이었다. 고대나 중세는 그냥 두고 사람들이 제법 '개화'되었다는 시절을 보아도 끔찍하다. 아메리카 대륙을 소유하기 위해 '문명인'들은 원주민을 궤멸에 이르도록 학살하였다. 열강들은 앞다투며 아프리카, 아시아라는 먹이를 서로 빼앗는 과정에 1차, 2차 세계대전을 일으켰다. 아기가 잘 자라서 좋은 것들을 많이 이루고 소유하기를 축원하는 소박한 마음들이 인류사의 수없는 전쟁과 관계없지 않다고 생각하니 무어라 할 수 없이 가슴이 먹먹해진다.

인류의 스승인 성인 가운데 한 분은 이렇게 말씀하신다. 너희들은 어째서 무엇을 먹을까, 무엇을 마실까, 그리고 장가가고 시집가는 것만 생각하느냐. 또 다른 성인은 이렇게 말씀하신다. 참다운 도道란 욕망으로부터 자유로워지는 것이다. 인생은 먹고 마시고 하는 세속적인 것만이 아니라는 말씀이다. 그런 인생살이를 위한 '내 것' 다툼, 그것에서 벗어나는 것이 진리에, 해탈에 이르는 길이라는 말씀이다.

이 존재계는 싱싱하게 살아서 끝없이 변해간다. 이 법칙을 절실히 이해한다면 그 무엇도 끝내 소유할 수 없음이 확연하다. 이 몸뚱이조차 소유할 수가 없이 언젠가는 필히 벗어야 하지 않는가. 끝없는 흐름 속에서 소유는 눈 위의 발자국만큼도 버티지 못한다. 욕망이 부도덕하므로 버리라는 것이 아니다. 그것은 당초부터 불가능하다. 이것을 사무치게 깨달아 소유에 집착하지 않는 것이 참다운 도라는 말씀이다.

우리의 세계는 그 어떤 소유도 불가능하다. 그러나 누릴 것은 무진장이다. 우리는 타인들을 해치지 않고도 하늘의 끝없는 푸르름과 해와 달과 별, 그리고 구름을 사랑하고 찬탄하며 우리의 혼을 고양할 수 있다. 우리는 봄을 소유하지 않고도 그이가 산천에 불러일으키는 아름다운 기적들을 고스란히 맛볼 수 있다. 떡 하나라도 나누면 기쁨이라는 축복이 그냥 솟아난다. 우리의 세계는 신비무궁한 기적들로 가득하다.

진정 '내 것'으로 해야 할 것이 있다면 그것은 이 존재계에서는 '나'라는 이름을 위시한 모든 것이 원천적으로 소유할 수 없는 것이라는 자각이다. 이 자각이 깊이 스며들면 소유에 매달리기보다는 그냥 주어진 수 없는 것들을 온전히 누리는 능력이 풍성해진다. 그중에도 최고의 것은 본래 자유한 이 마음을 그냥 누리는 것이다. 이 무한해탈은 어떤 성취로도 이룰 수 없다. 그것은 성취욕을, 소유욕을 내려놓으면 저절로 드러나는 무한보無限寶다.

다섯 딸, 다섯 엄마

•

　언니들과 모여서 엄마 이야기를 한다. 자식들이란 어째서 부모가 떠나고 나서야 철이 드는 걸까. 엄마를 슬프게 한 일들이 떠오른다. 그래도 엄마는 마지막 병석에서 "너희들이 있어서 행복했다"고 하지 않았는가.
　우리가 '엄마'라고 부르는 그분. 그분은 진정 누구인가. 다섯 딸의 엄마는 조금씩 다르다. 큰언니의 엄마는 순진하여 손해만 보던 엄마다. 둘째 언니의 엄마는 그저 참고 참는 인고의 엄마고, 셋째 언니의 엄마는 맹모孟母 비슷한 관심을 쏟기도 하던 엄마다. 넷째 언니의 엄마는 조용한 의지처였다. 그리고 막내딸 나에게 엄마는 모든 것을 다 수용하던 엄마다. 엄마는 그 모두였으나 또한 그 모두도 아니었을 것이다. 우리가 엄마를 생각하고 기억한다 해도 그것은 오로지 우리의 생각이요 기억일 뿐. 그분 전 존재의 억분의 일인들 감당하겠는가. 엄마 떠나고 사반세기가 넘었다. 지금에야 그분을 '나의 엄마'라는 역할에만 한정해놓고 이런저런 투정을 부렸다는 걸 알아차린다. 어찌 그리 자기중심적이었던가. 새삼스레 내가 세상에서 만난 인연들을 돌아보며 놀란다. 한 존재를, 무한우주의 전적인 부축 속에서 138억 년의 여정 끝에 나투신 한 존재를, 관계에 따른 역할만으로 여겼다니! 부모며 형제 그리고 남편과 아이들, 친구들과 이웃들. 나의 눈은 그 인연들을 나와의 관계 명名으로만 보고 있었으니 어찌 한 존재가, 그 주관적이고 협소한 시각에 다 담길 수 있었겠는가 말이다.

떠나간 엄마의 나이에 가까워가고 있다. 기껏해야 8,90년인 인간의 한 생애. 그 시간은 욕구를 다 채우기엔 턱없이 짧은 시간이다. 하지만 우리는 이미 더 채울 것도 없는 온전한 존재임을 깨닫기에는 충분한 시간이다. 산천도 철이 들고 있다. 치열한 여름을 벗고 다들 고즈넉하다. 밤나무가 밤을 떨구고 강아지풀이 이슬 속에서 고개를 숙이고 있다. 뜨락에도 철이 돌아와 엄마가 좋아하던 보라색 쑥부쟁이가 피어난다. 용서하세요, 엄마! 외치니 엄마가 지그시 웃으며 손을 잡는다.

엄마, 치매 걸렸어?

•

첫 수련 실습 시간에 보시록을 쓰라고 한다. 쓴 것들은 한 달 안에 실천해야 한단다. 나는 이렇게 썼다. '아이들에게 사랑한다고 말한다.' 그 애들이 내 아들로 태어나 30년, 32년이 지났는데 그 흔해빠진 말을 한 번도 하지 않았다. 그 아이들을 분명 사랑하는데, 그래서 어미와 자식 된 인연이 애처로워 이런 글도 쓴 적이 있는데. 아무개야, 아무개야/ 아이고, 징그럽게/ 말 안 듣는 내 새끼들아/ 이 까마득한 허공중에/ 내가 네놈들 어미 되어/ 그 이름 부르는 게/ 꼬리별 사라지는 그 짬만큼이나 하랴. 이번엔 쓰지만 말고 입 밖에 내어보자 했다. 집에 돌아와 전화기를 들었다. 산골로 내려오면서 아파트에 두고 온 두 녀석이 무얼 먹는지, 어쩐지는 모르겠으나 아무튼 실천부터 했다. 매일 하는 소리를 하다가 결심을 꽉! 하고서 드디어 그 소리를 했다. "사랑한다, 우리 아무개." 그랬더니 저쪽에서 경악의 비명이 터진다. "엄마, 치매 걸렸어?"

그 녀석은 옆집에 사는 넷째 언니가 쓰던 차를 물려받아 명의도 바꾸지 않고 쓰고 있었다. 그 후 자동차세는 꼬박 내 몫이 되었다. 그 녀석은 기척도 없었다. 그런데 기적이 일어났다. 내가 '치매 걸린 소리'를 하고 며칠 지난 후였다. "엄마, 삼십만 원 보냈어. 이십만 원은 자동차세 내고, 십만 원은 이모들이랑 점심 한 끼 하세요." 세상에나, 이런 일이 생길 수도 있구나! 스승의 처방전에 따른 좁쌀만 한 보시는 불과 며칠 만에 고스란히 나에게 되돌아왔다. 정말이지, 사람의 마음이란 이런 것이구나!

사람은 알아갈수록 신비한 존재다. 사람에게서 신비하지 않은 것은 그 무엇도 없겠으나 그중에서도 신비한 것은 '느낌'이라는 마음의 반응이다. 자기 속에서 피고 지는 느낌을 조금만 살펴보아도 사람의 정서는 어떤 감광지感光紙보다도 섬세하게 감응하고 있음이 백퍼센트 수긍될 것이다. 무언가를 인식하면 그것은 단순히 인식으로 끝나는 것이 아니다. 인식은 존재 속에 느낌이라는 섬세한 에너지를 불러일으키고 그 에너지는 존재 변용의 원동력이 된다. 그래서 심리학자 마슬로우는 이렇게 말한다. "사랑욕과 인정욕이 채워진 존재는 그다음 단계로 올라서서 자아실현욕이라는 존재 최후의 욕구를 발동시킨다." 그런데 그 사랑욕과 인정욕을 채워주는 것은 다름 아닌 한 마디 긍정적 말, 한 토막 긍정적 표현이다. 그 작은 교류가 존재 속에 숨어 있는 성장욕을 일깨워서 부처를 탄생시킨다는 것이다.

이토록 섬세한 상호작용으로 엮어지는 이 세계의 주민들에게 — 다른 존재들에게는 물론 나 자신에게까지 — 참으로 무관심하고 거칠게 대해왔음을 돌아본다. 긍정적 표현은 긍정적 에너지를 일으키고 부정적 표현은 부정적 에너지를 일으킨다. 인과로 작동하는 존재계. 존재 앞에서 부디부디 정성스럽게 깨어 있을 일이다.

얼마를 써넣을 수 있는가

●

　'유한이'라고 하는 놈이 있었다. 어느 날 선각자가 나타나서 '너는 유한이가 아니다. 너는 무아無我다'라고 하였다. 유한이는 깜짝 놀랐다. 내가 유한이가 아니라고? 내가 없다고? 내가 허무라고? 유한이는 기운이 쏙 빠져 하얗게 질리고 말았다.

　여기에서 그놈은 무언가 삐끗한 것이다. 유한이 아니라는 것이 곧 제로라는 뜻인가. 어째서 무한은 아니고 제로인가. 사형수에게 너는 사형수가 아니야 한다면 그만 끝이냐고 깜짝 놀랄까. 너는 사형수가 아니라고 하는 말씀은 그대로 생명의 말씀일 것이다. 그런데 '유한이'라는 이름에 중독된 그놈은 '유한이'가 아니면 곧 끝장인 줄 알고 있었다. 유한 딱지를 떼어내면 그대로 무한인 것을, 참으로 어리석은 노릇이다. 내가 바로 그

'유한이'라는 놈이었다.

존재계는 중중연기하며 끝없이 변화한다. 그러므로 홀로 떨어져 나온 고정된 실체란, 아我란 없다. 이것은 부처님의 오리지널 가르침이자 스승의 가장 기본적인 말씀이다. 이 말씀은 이 존재가 허망하다는 것이 아니다. 그 반대로 이 존재는 어떤 이름으로도 고정되고 한정될 수 없는 무한한 존재라는 말씀이다. 그래서 연기라는 존재법칙을 발견한 부처님은 죽음을 벗어나 해탈하였다.

스승이 말씀하신다. 석가모니 출현의 역사적 의미는 무엇인가. 그것은 유한을 무한으로 바꾼 것이다. 의상대사가 말씀하신다. 우보익생만허공 중생수기득이익 雨寶益生滿虛空 衆生隨器得利益. 감로의 비가 허공 가득 내리는데 중생은 자기 그릇만큼 이익을 얻는다. 하늘에서 백지수표가 떨어지는데 사람은 제 주제만큼 액수를 써 넣는다.

이 존재는 '나'라는 이름에 갇힌 구차한 물건이 아니다. 모든 '너' 또한 그러하다. 꽃줄기에 무수한 이슬이 매달렸다. 이슬이 허망한가. 허망하다면 '이슬'이라는 그 이름이 허망한 것이다. 햇빛이라는 인因이 더해지면 이슬은 이슬의 형상에서 벗어나 또 다른 상태로 이 존재계를 주유할 것이다. 스스로를 그 이름과 동일시하는 것은 애써 단두대에 올라서려고 기를 쓰는 것과 꼭 같다. '나'도, 이슬'도 연기적 질서에 따라 드러난 무한우주의 나투심이다. 인간세가 붙여놓은 이름의 칸막이들을 제쳐보라. 거기에는 '무엇'이라는 정법定法으로 잡아맬 수 없는 무한의 썸씽이 있을 뿐이다. 백지수표에 얼마를 써넣을 수 있는가. 이놈은 '유한이'가 아니다. 그 어떤 이름에도 갇힐 수 없는 무한정자無限定者이다. 본래 걸림 없는 무한의식이다. 깨우친 것을 거듭하며 그 느낌을 거듭 음미한다.

자유롭고 자유로워라

•

　우리 골짜기 주민은 세 사람이다. 집은 세 채. 그 중 한 채는 빈 집. 그리고 강아지는 네 마리. 그런데 감나무는 열다섯 그루가 넘는다. 이 감나무들은 이곳이 열두 가구가 들어차 있던 마을이었음을 말해준다. 다랑이논을 둘러싸고 살던 사람들이 뿔뿔이 떠나가고 감나무들만 뒤에 남은 것이다.

　나무들은 사람들이 흩어진 뒤에 더 잘 자랐다. 더 이상 인간만을 위한 유실수가 아니어도 되었기 때문이다. 그이들은 그저 자연의 이치대로 살았다. 잘리거나 전지되는 일도 없이 그냥 푸르른 하늘로 가지들을 자유로이 내뻗었다. 동해안의 세찬 봄바람과 산골의 엄청난 눈은 그이에게 불굴의 생명력을 부여했다. 야들야들한 햇잎들은 극성스런 봄바람을 거뜬히 살아낸다.

조그만 감꼭지는 가을 태풍이 몰아쳐도 까딱없다. 그래서 겨울눈이 다 녹도록 감들은 산골 생명들의 귀중한 떼거리가 된다.

벌거벗은 몸에 서리가 돋는 늦가을, 새빨간 열매들이 푸르른 하늘 속에서 장엄하다. 행복한 열매들의 향기가 새들을 부른다. 박새, 딱새, 곤줄박이, 오색딱따구리, 직박구리, 어치. 그리고 때로는 황여새들의 군단이 몰려오기도 한다. 그리고 멀고 먼 곳에서 온 노랑지빠귀와 개똥지빠귀의 무리들이 합세한다. 날짐승뿐만이 아니다. 길짐승도 그 은덕을 입는다. 청설모는 나무에 올라가 따먹고 고라니 너구리는 땅에서 받아먹는다. 우리 집 눈이도 떠돌이였던 시절, 그 은혜를 입었다. 나무들은 최후의 감까지 모두 아낌없이 내준다.

나무들은 명상에 잠겨 있다. 아니, 그 삶이 그냥 명상이다. 나무는 아무 성취욕구도 없이 지금 이 자리에 그냥 존재한다. '나'라는 정체성도 없다. 그리고 모든 환경을 온전히 수용한다. 사람들은 그이를 '감나무'라고 부르지만 그이는 어떤 이름으로도 한정되지 않는다. 그이는 단지 존재계에 충만한 생명성을 고스란히 발현하고 있는 온전한 존재다. 그리하여 삶이 곧 휴식이요 보살행이 되는 아름다운 존재!

　그이를 가만히 바라본다. 그렇다. 존재는 본디 그러한 모습이다. 사람은 그 본 모습을 잊어버려 명상이라는 '특별한 수행'을 하느라 애를 쓴다. 하지만 명상으로 도달하는 상태는 전혀 특별한 것이 아니지 않은가. 그것은 존재 본래의 상태일 뿐이다. 어떤 허명에도 갇히지 않고 본래의 천진성으로 무한히 자유스런 존재. 그 어떤 방어도, 어떤 공격도 없는 본래 해탈의, 본래 사랑의 존재를 바라본다. 갖가지 이름으로 한정되고 위축되었던 심신의 세포가 자연을 온전히 회복한다. 지극히 고요하고 지극히 평화하다. 법신法身이 설법한다. 이 세계는 이미 온전한 세계요, 그 모두 무한자라고……。

지극히 자연스러운

●

다섯 빼기 둘은 셋이다. 이 '셋'에 무슨 잘못이 있는가. 이 '셋'에 무슨 좋고 나쁨이 있는가. 없다. 아무도 그 '셋'에 시비하지 않는다. 날이 추워져서 얼음이 얼었다가 날이 풀려서 얼음이 녹았다. 얼음이 생기는 건 틀리고 풀리는 건 맞는가. 아니다. 그 둘 모두 시빗거리가 아닌 자연스런 현상이다.

비아명상非我瞑想을 한다. 수행점검표에 동그라미도 친다. 돈망명상頓忘瞑想 기록 노트에 정正자 표도 써나간다. 그런데 한마디 말에 '출렁!'이 생긴다. 마음속을 살펴보면 '나 있음'이 도사리고 있다. 이것들은 무엇인가. 이것들에서 벗어나겠다고 이런저런 연습을 하는데 어느 때 보면 그렇게도 건재하다. 개운치 않다. 마음관리 현주소가 신통치 않다는 마음이 스친다.

이럴 때 정신 차리게 해주는 말씀이 있다. "탐진치를 고통을 주는 진리, 고통을 주는 여여실상如如實相으로 생각하라. 그렇게 되면 내 속의 미성숙이나 다른 사람 속의 미성숙을 부드럽게 바라볼 수 있다." 탐진치 그 자체는 좋고 나쁨을 떠나 있는 진리라는 스승의 말씀이다. 다섯 빼기 둘이 셋이라는 것에 아무 잘못이 없듯이 탐진치 그 자체에도 아무 잘못이 없다는 것이다.

세상 모든 것은 그 인因에 따라 생겨난 질서정연하고, 공평무사한 과果이다. 날이 추우면 얼음이 생기고 날이 풀리면 얼음이 사라진다. 말 한마디에 출렁거리는가. '나 있음'의 느낌이 맴도는가. 그것은 세세생생 번뇌고리 위에서 춤추고 있었기에 생겨난 진瞋, 분노라는 진리, 치癡, 어리석음이라는 '진리'다. 묵고 묵은 관성이 몇 번의 명상으로 풀린다면 오히려 부자연스런 현상이다. 다섯 빼기 둘은 제로가 아니지 않은가. 다만 그 '인과물'이 자신과 주변에 괴로움을 주고 있으므로 명상을 거듭하며 평화함을 불러올 '인'을 더 굳건하게 하면 된다.

그렇게 바라보니 모든 존재들은 그 모습 그대로 이 자리 최선의 작품이다. 그 최선의 작품을 그냥 '-구나'

하고 끄덕이고 '-겠지'하며 그 우여곡절을 안아준다. 누군가가 미숙해 보인다면 그것은 얼마 전의 내 모습이다. 나 또한 앞서간 사람에겐 미숙하게 보일 것이다. 누구나 미숙함을 밟아가며 성숙해간다. 생명의 여정은 그 의식 수준이 높아가는 끝없는 여정이다. 내 부처가 내 중생을 안아주며, 세상을 안아주며 한 걸음씩 나아간다. 평화롭다. 감나무 잎사귀들이 부쩍 성글어졌다. 감들도 익어가고 있다.

천국의 원리

•

연애에 빠져봐. 유행가 가사가 모조리 절절해진다니까. 학생시절, 누군가 그런 말을 해서 깔깔댔었다. 당신은 나의 생명. 당신은 나의 존재 이유……. 러브송들은 그렇게 호소하고 토로한다. 그런데 이와 똑같은 말씀을 하는 성인聖人이 있다.

석가모니 부처님이 보리수 아래에서 깊은 사색에 잠겼다. 그리고 연기緣起를 깨달아 해탈하였다. 그분은 이렇게 말씀하신다. "이것이 있으니 저것이 있고, 이것이 생기니 저것이 생긴다. 이것이 없으니 저것이 없고, 이것이 멸하니 저것이 멸한다." 석가모니 부처님도 다름 아닌 바로 그 말씀을 하신 것이다. 당신이 있어서 내가 있고 당신이 없으면 내가 없습니다.

우리 몸은 머리카락부터 발톱에 이르기까지 서로

서로 연결된 하나의 공동체다. 우리의 존재계도 그렇게 서로서로 연결된 공동체다. 부모님을 비롯한 모든 사람들, 사람 외의 모든 생명들, 우리가 무생물이라고 여기는 것들까지 포함한 전 우주가 있어서 비로소 '나'라는 이 물건이 존재한다.

스승이 말씀하신다. "연기란 우주의 모든 존재들이 시로서로 다른 존재의 존새 근거가 된다는 상생相生의 원리이다. 천국의 원리가 있다면 바로 연기가 그 원리일 것이다."

이 존재가 연기물이 아니라 홀로 달랑 떨어진 실체라고 생각해보라. 한 올의 관계도 필요 없이 저 홀로 싸늘하게 존재하는 실아實我라고 상상해보라. 아기의 미소에도, 성인聖人의 가르침에도 감동을 느끼거나 영향을 받을 필요가 없는 존재. 그 존재는 얼음보다 더 차갑고 바위보다 더 무감각하게 우주 공간을 저 홀로, 끝내 그 어떤 변화도 없이 무시무종 떠돌 것이다. 그것이야말로 무간지옥無間地獄에 떨어진 형벌이 아니겠는가.

아침에 현관문을 열었더니 강아지 똘이가 달려와서 꼬리를 흔들며 좋아한다. 10년 넘게 그런 모습을 보여주고 있다. 그 기쁨의 에너지가 어딘가로 스며들어 나의 일부가 되어 있을 것이다. 텃밭의 배추벌레, 시든 강아지풀, 낙상홍 붉은 열매 끝의 이슬방울, 그리고 나를 아프게 하고 슬프게 하였던 경험들, 이 우주의 모든 소식들이 나를 이루고 있다. 당신들이 있어서 내가 있습니다. 연기의 눈으로 바라본다. 자타自他가 사라지고, 시비是非가 사라진다. 세상의 가을이 속으로 들어온다. 사랑과 평화가 충만하다.

첫 번째 스텝

•

 뜨락에 복수초가 피었다. 눈이 시도록 샛노랗다. 얼어 있던 땅속에서 솟아난 첫 번째 꽃이 어찌하여 이리도 강렬할꼬. 이 꽃은, 이 존재는 복수초가 아니다. 존재계의 그 모두가 강림하여 피어낸 신비다. 우리 태양계가, 태양의 아이들인 일곱 행성이, 그리고 달님까지 한 치 어긋남이 없이 협력한 공덕이다. 어디 우리 태양계뿐이리. 우리 은하계에는 2천억 개의 항성이 있다고 한다. 그런데 이 우주에는 또한 2천억 개의 은하계가 있단다. 그러니까 우리네 태양계와 같은 항성이 400해(400000000000000000000)개 모인 곳이 우리 우주란다. 사람의 상상력으론 도무지 감을 잡을 수 없는 아득한 이 우주가 138억 년 동안 질서정연하게 흘러오면서 평화로이 이 봄꽃을 피우고 있다.

그러니 참으로 이상하지 않은가. 이 무한우주는 한결같이 고요한데 어찌하여 평범하다 못해 존재감마저 희미한 이 돌부스러기 위의 인간세는 이리도 복잡스러운가. 정치, 사회, 경제, 교육, 문화 등등 인간세의 모든 분야가 한시도 조용하지 않다. 강원도 산골까지 도달하는 것이 이러하거늘 시정市井의 현장에서 매 순간 벌어지는 일들이야 오죽하랴 싶다. 우주의 평화 에너지가 우리 지구만 피해서 흐르고 있기라도 한단 말인가. 그런데 스승이 이렇게 말씀하신다. "복잡한 것은 세상이 아니라 네 마음이다." 세상이 복잡해서 복잡한 것이 아니라 우리 마음이 복잡하게 생각하고 있어서 복잡하게 느껴진다고 하신다.

우주를 단순하고 변함없이 끌고 오고 있는 하나의 질서, 그것은 바로 연기緣起다. 하늘도 이 세상도 우리 마음도 모두 연기적으로, 인과적으로 작동하고 있다. 그런데 우리는 인을 살피지 않고 과만 달랑 떼어놓고 본다. 그렇게 보면 무엇이 그냥 하늘에서 무질서하게 변덕스럽게 제멋대로 떨어지고 있는 것처럼 보인다. 그러니 세상이 불합리하고 오리무중이고 원통하고 절망스럽다. 그러나 세상에 어떤 악한 일이 일어났다면, 또는 선한 일이 일어났다면 반드시 그 인因이 있을 것이다. 그런데 우리는 모두 중중연기하고 있으니 나 또한 그 악과 선의 인에 일조하였을 것이다. 우리 마음의 순도純度가 세상의 순도다. 그러니까 이 마음 제대로 하는 것이, 연기라는 질서의 관점에 서는 것이 세상 평화의 첫걸음이다.

    스승의 말씀을 다시금 짚어본다. "그것만 보려 하지 말고 그것을 있게 한 인因을 함께 보라. 모두가 그 인에 그 과果로 일어난 것이다. 미숙한 사람은 한정된 차원에서 살면서 그것이 우주의 전부인 양 생각하며 산다." 한정된 차원에 살고 있으니 있지도 않은 에고에 붙잡혀 지옥을 산다. 우리는 우리 관점의 크기만큼 우주를 세상을 인생을 행복을 경험한다. "전체를 조망하는 사람이 도인道人이다." 스승의 말씀을 곱씹는다. 존재계를 관통하는 연기라는 질서를 곱씹는다. 마음이 전체적으로 열린다. 이것은 '나'가 아니다. 존재계의 전체가 함께하는 무어라 규정할 수 없는 텅 빈 무한이다. 궁극의 쉼이다.

최고의 예술

•

 삶의 목적은 우리 모두의 행복이다. 행복은 좋은 느낌이다. 모든 감각인지 과정에는 그에 상응하는 느낌이 따른다. 그러므로 바람직한 감각인지를 하면, 바람직한 관점으로 바라보면 좋은 느낌이 일어난다. 곧 행복해진다. 동사섭의 행복론은 그 중심에 '느낌'을 두고 그 느낌을 적절하게 관리하는 각론까지 다루고 있다.

 상대가 나의 기대에 어긋나는 말을 한다. 번개보다 빠르게 마음에 출렁임이 생긴다. 그 사람과의 소통 통로가 닫히려 한다. 어째서 기분이 나쁜가. 상대의 생각이 나와 다르기 때문이다. 상대의 얼굴이 나와 다르면 기분 나쁜가. 그렇다면 정상이 아니다. 그런데 왜 상대의 생각이 나와 다르면 기분이 나쁜가.

 '현실수용'을 배운다. 세상의 모든 일은 인과에 따

른 순리로 옳고 그른 것을 벗어나 있는 것이다. 그런 무기물에 내가 시비를 걸고 내가 출렁인다. 그러니까 주관성의 잣대를 휘두르는 대신 '구나'와 '겠지'로 수용해본다. 아, 당신 생각은 그렇군요, 그럴 만한 까닭이 있으니 그렇겠지요 이렇게 끄덕이면 내 마음이 편해지고 그 사람과의 관계 문이 닫히지 않는다. 그렇게 통로를 열어놓은 상태에서 서로의 생각과 느낌을 주고받는다. 그런 과정에 관계는 한 계단 더 올라선다. 그렇게 배웠는데 역시 시비질에 빠진다. 고질병이다.

그러나 시비질도 시비할 일은 아니다. 시비질하는 이 중생에게도 '구나, 겠지'를 적용해본다. 아, 빠졌구나. 그렇지. 세세생생 '나'로 살아왔는데 그 버릇이 단번에 없어지겠어. 그것은 병통도 아니고 그 인에 그 과로 나타나는 우주의 순리일 뿐이야. 이렇게 자신의 중생을 수용해주면 어느새 '기분 나쁨'과 동일시되고 이중화살까지 쏘아대고 있는 마음이 떨어져 나간다. 그리고 담담하고 맑은 바라봄이 회복된다. 그만큼 성숙한 것이다. 참으로 신기하다. 내가 지글거리는 마음과 동일시하면 나는 출렁이는 병통이요 그냥 바라보는 마음과 동일시하면 나는 평화로움이다.

꽃밭 속에서 거미줄이 반짝인다. 이슬방울마다 그 인에 그 과가 섬세하게 작용하여 저마다 아름답다. 거미도 이슬도 꽃도 아름답다. 자연의 예술이다. 스승의 말씀에 귀 기울이고 끄덕인다. 그런데 다시 미끄러진다. 배우고 미끄러지는 것은 훌륭한 실습이다.

한 사람이 익어간다는 것, 그것은 한 마디 말, 한 조각 느낌에 맑게 깨어서 기민하게 관리하는 섬세한 작업이다. 궁극을 향해 나아가는 인생살이야말로 최고의 예술이다.

최선의 나팔꽃

●

지난여름이었다. 거실에 놓인 선인장 화분 귀퉁이에서 조그만 싹이 텄다. 누군고 궁금하여 그냥 놓아두었다. 그 싹이 점점 자라더니 어느 날 아침, 맑은 하늘을 닮은 꽃을 피웠다. 푸른 나팔꽃이었다. 나팔꽃은 서너 송이 꽃을 피우고 새까만 씨앗까지 맺었다. 그 신통한 씨앗을 받아서 봉지 속에 갈무리했다.

이번 겨울, 크리스마스가 가까워지고 있었다. 거실이 환해진 시간, 깜짝 놀랐다. 나팔꽃이 핀 것이다. 겨울 나팔꽃! 가을에 들어서면서 나팔꽃 포기는 볼품이 없었다. 게다가 선인장을 방해하는 것도 같아 뽑아버릴까도 했다. 그래도 어찌어찌 살고 있는 목숨이지 않은가. 그래서 그냥 두었다. 그런데 이렇게 꽃까지 피울 줄이야! 겨울 나팔꽃은 여름꽃과는 다르다. 그러나 찬

탄할 수밖에 없었다.

　여름 나팔꽃과 겨울 나팔꽃. 우리 눈에는 여름 나팔꽃이 더 아름답게 보인다. 그러나 우주의 품속에서 태어난 이 둘은 그 우열에 하등 차이가 없다. 여름 나팔꽃은 여름이 주는 조건에 따른 최선의 꽃이요, 겨울 나팔꽃은 겨울이 주는 조건에 따른 최선의 꽃이다. 두 개의 나팔꽃은 겉모습은 다를지라도 그 존재가 모두 최선의 존재라는 점에선 절대 평등하다. 아름답다면 둘이 모두 아름답고 기특하다면 그 둘이 모두 기특하다. 일어난 일은 일어날 조건이 있기에 일어난 것이고 일어나지 아니한 것은 일어날 조건이 없기에 일어나지 않은 것이다. 그래서 여름엔 여름 나팔꽃만 생기고 겨울엔 겨울 나팔꽃만 생긴다.

　그러나 우리는 얼마나 주관적인가. 우리는 상대에게 자신의 주관적 기대치에 부응하기를 요구한다. 아니, 요구하는 것만이 아니고 은근히 압박하고 공격까지 한다. 그래서 겨울 나팔꽃에게 왜 여름 나팔꽃처럼 아름답지 않느냐고 다그친다. 여름 나팔꽃에게 어째서 겨울 나팔꽃처럼 강인하지 않느냐고 다그친다. 그러나 여름 나팔꽃도, 겨울 나팔꽃도 모두 완벽한 존재다.

연기를 살펴라. 스승이 말씀하신다. "눈앞의 것에만 정신 팔지 말고 그 주변의 사정을 함께 살펴라. 사정을 살피면 다 이해된다. 다 이해되면 누가 좋은가. 내가 좋다. 내 마음이 편하다. 과거는 다 옳다." 이미 생긴 것들의 과거로 소급해 돌아가 그 조건들을 제 기호에 맞게 수정할 수는 없다는 뜻이다. 그러니 그 인因에 그 과果로 생긴 것에 대한 시비는 참으로 영양가 없는 소모전이다. 그럼 어찌할 것인가. 과거는 닫혔지만 미래는 열려 있다. 그러니 잘 교류하라는 말씀이다. 상대의 말을 잘 듣고 그 사람의 마음을 공감해주며 소통하라는 것이다. 그 과정이 서로가 성장하는 길이다. 도대체 이 말씀을 몇 번이나 들었을까. 그래도 걸핏하면 습관에 빠져 이러고저러고 한참을 씨름한다. 그래서 또 글을 쓰면서 반복 정리한다. 체증이 내려가는 듯하다.

사람에서 자연으로

마지막 만남

●

 생애 처음으로 찾아온 사별이 그 이유였을까 아니면 젊음의 패기와 치기가 사라지고 있었기 때문이었을까. 아무튼 아버지가 우리 곁을 떠난 어름의 마흔 문턱에서부터 '종교'라는 것에 눈길이 가기 시작했다.

 그 전까지 종교라는 것은 내 속에 많은 거부감을 일으키고 있었다. 종교宗敎가 말 그대로 '으뜸이 되는 가르침'이라고 한다면 그 무엇보다도 소중하게 여겨져야 할 터였다. 그런데 종교라는 단어가 어떤 구속감, 때로는 독선 혹은 일종의 폭력 비슷한 느낌까지 떠오르게 했다면 지나친 표현일까. 하지만 종교라는 말에는 아직도 그런 정서적 반응이 일어나곤 한다. 인류의 역사에서는 종교라는 이름으로 편협하고 배타적인 싸움과 끔찍한 처벌이 그치지 않았고 또한 현재까지 종교라는 단어가 어떤 독점적 '진리'와 그것을 옹호 유지하기 위한 완고한 조직과 연관되는 일이 많기 때문이다. 그러하니 혈기방자하고 오만불손했던 젊은 눈에는 어떠했을 것인가. 그저 서양에서 융성한 종교는 '아편'이었고 동양에서 융성한 종교는 '미신'이었다. 그런 판단에는 아버지의 영향도 작용했겠지만 마치 광고전단지처럼 일상 속에 마구 뿌려지고 있는 종교의 모습은 그런 생각을 크게 무너뜨리지 못했다. 그런데 어째서 그런 종교에 눈길이 머무르게 되었을까.

말기 암환자들은 아편으로 그 고통을 줄이고 있다고 한다. 그렇다. 고통스러운 사람에게는 아편이라도 필요한 법이다. 우리의 나날에는 수많은 아픔이 즐비하고 더구나 죽음이라는 고통이 있는 한, 사별이라는 고통이 있는 한 종교라는 것은 결코 사라지지 못할 그 무엇이었다. 마흔의 나이는 그것을 보게 했고 우리 인간들이 쉬이 저지르고 있는 여러 어리석음에 대해서 미움보다는 어떤 연민을 품게 했다.

출퇴근하던 시절, 조금 짬이 생기면 바로 최명희 작가의 《혼불》을 펼쳐들었다. 소설 첫머리에서부터 묘사되는 우리네 전통 일용품에 넋이 빠져버린 것이다.

반짇고리 하나 속에도 보석처럼 아름답고 이슬처럼 섬세한 소도구들이 가지런하다. 작가가 글로 전해주는 우리네 일상용품들은 아름다움과 쓰임새가 조화를 이룬 절묘한 공예품들이었다. 하지만 정작 그것들을 직접 써보거나 실물을 눈으로 본 적은 드물었고 어떤 기물은 그 이름조차 낯설었다. 갑자기 아득했다. 자신이 진정 누구인지 아득했다. 내 어머니는 일본인이고 아버지는 실향민이었다. 도대체 나는 누구인가. 한국에서 살고 있긴 해도 자신의 발이 딛고 서 있는 곳의 흙과 물, 그리고 사람살이의 살냄새가 비벼져 만들어지는 이곳의 삶과 동떨어져 사는 이국인같이 느껴졌다.

그 충격으로 민속박물관을 찾아다니기 시작했다. 박물관의 진열장 속에는 내가 지금 살고 있는 이 땅에서 삶을 꾸려가던 이들이 손때 묻혀 남긴 기물들이 나를 기다리고 있었다. 손톱보다 작은 자투리 천으로 지은 골무 위의 꽃수가 어여쁘다. 낮 동안의 고된 노동 후에 호롱불 아래서 바느질을 하며 바느질 도구 위에 꽃수를 두던 사람을 생각해본다. 그이네들이 쓰던 용품들 하나하나에 모두 절절한 정성이 배어 있다. 발에 신는 미투리에서부터 머리에 얹는 똬리까지, 부엌 도구에서부터 사랑방의 문방구까지 모두가 지극한 예술품이다. 개중엔 장인들이 만든 것도 있으나 대부분은 생활 당사자들이 직접 제 손으로 만든 것이다. 그렇다, 우리 인간은 누구나 그렇게 아름다움을 사랑하는 예술인인 것이다. 여인을 아름답게 하고 사내를 출중하게 꾸며주는 치장 소품들도 보인다. 이승을 사랑하여 남긴 가지가지 아리따운 것들은 애틋하기조차 하다. 그리고 무엇보다도 그 기물들은 생태적 질서를 크게 흩뜨리지 않고 자연대로 사는 삶의 방식을 보여주고 있었다. 진열장 앞에 서 있노라면 때로는 코끝이 시큰해오고 기물들은 다정한 눈길을 보낸다. 그 눈길을 받고 있노라면 내 어머니가 일본인이든 조선인이든 우리는 모두 이 세상 한 철의 삶을 사랑하는 가엾고 기특한 목숨붙이들임이 새삼 떠오르는 것이었다.

그렇게 민속박물관을 쫓아다니다 생각지도 않게 두루뭉실하게 생긴 돌부처를 만났다. 인도인의 그 잘생긴 윤곽을 다 벗어버리고 돌장승인지 무언지 구별도 어려운 너부데데한 몽골리언의 얼굴로 변신한 돌부처에게 친근감이 들었다. 그 부처님은 오랜 세월 조선 부녀들의 이러구러한 하소연으로 그런 모습으로 화했구나 싶었다. 그러나 부처에 대해선 기본 상식조차 없으니 입문서라도 펼쳐 보아야 했다. 그리고 우리네 전통문화에 관심을 두게 되면 불교에 대한 상식은 필수이기도 했다. 책장이 넘어갈수록 돌부처는 민속이니 전통문화니 하는 울타리를 뛰어넘고 있었다. 박물관 구석에서 돌장승 형상으로 처음 만난 그 깨달은 인도인은 아버지라는 숭배 인물을 잃은 이에게 점점 더 가까이 다가왔다. 그 깨달은 이의 처방전은 대증요법이 아니라 우리 가슴이 묻고 있는 어떤 근본적 물음에 대한 답변 같았다.

종교를 마음의 의지처로 해석한다면 나의 첫 종교는 자연이라고 할 수 있다. 어린 시절부터 자연은 나의 기쁨이고 동무였던 것 같다. 어릴 적을 더듬어보면 동네 아이들과 놀던 기억보다는 뜰 안에 있는 자귀나무의 향그러운 꽃이나 혹은 개오동나무에 살던 뿔 달린 통통한 초록색 애벌레가 더 선명하다. 그리고 그 시절의 슬픔은 끌어안고 울던 고양이나 강아지와 함께 떠오른다. 사람으로 태어난 나에게 첫 세상이 되어준 낡은 이층집은 꽃과 나무 그리고 작은 집짐승들의 에덴

동산이었다. 그러나 우리 가족이 정치적 소용돌이에 휘말리면서 초등학교 4학년 때 그 에덴을 떠나야 했다. 그 이후 내가 꿈꾸는 행복은 옛집, 함께 살던 나무와 꽃들 곁으로 돌아가는 것이었다.

50대 중반이 가까워오던 때 도시생활을 접고 강원도 산골로 내려오면서 아파트 근처 개발제한 지역의 모든 식구들에게 깊은 고마움의 인사를 전했다. 거의 이십 년을 오가던 푸른 지대, 약수터가 있는 야산과 일대의 올망졸망한 논밭, 그리고 그곳에서 나와 비슷하게 옹색한 삶을 살아가던 새들과 작은 짐승들, 그리고 벌레들……. 이삿짐을 따라나서면서 내가 사랑하고 나를 사랑해준 그이들에게 작별인사를 했다. 오랫동안 고마웠습니다. 어째 눈물이 핑글 돈다. 하지만 이제부터는 온통 푸르른 곳, 하늘과 들이 인공물로 토막 나지 않은 푸르름 속에서 살 것이다. 나는 그 개발제한 지역을 제외하곤 그 어떤 것에도 아쉬움 없이, 언제나 시끄럽기만 한 도시와 그 속의 사람들에게 가볍게 손을 흔들며 강원도로 향했다. 드디어 나의 안식처, 나의 의지처인 자연으로 돌아가는 것이다. 낡은 이층집을 떠난 후 44년 만의 '귀향'이었다.

퇴곡리의 하늘은 푸르고 구름은 희디희었다. 햇빛은 무진장이었고 흙은 부드러웠다. 물소리엔 귀가 시원하고 바람소리엔 가슴이 시원했다. 냇가의 돌멩이에서부터 밭두렁의 검불까지 모두가 선물이었다. 텃밭은 무한히 자비로워 먹을 것을 쏟아냈고 새들은 노래를 부르고 꽃들은 이 세상을 넋이 빠질 만큼 치장했다. 그리고 꽃과 풀이 떠나간 겨울은 또 얼마나 깊고 고요한가. 봄여름 가을 겨울 그 어느 때고 그지없이 신비하고 아름다운 자연은 그저 찬탄하고 감사하며 바라보고 또 바라볼 밖에 없었다. 이 아름다운 식구들은 무덤 속에서도 잊을 수 없을 것 같았다. 내가 죽는 것이 아쉽다면 그 첫째 이유는 이 아름다운 이들과 헤어진다는 것이었다. 저리도 아름다운 하늘을 다시는 볼 수 없다는 것이, 이리도 찬란한 꽃들을 더 이상 만날 수 없게 된다는 것이 그냥 무덤덤하게 여겨지지만은 아니했다.

자연은 내 기쁨의 원천이었을 뿐 아니라 스승이기도 했다. 생겨나 성장하고 변화해나가다 이윽고 때가 되면 말없이 물러서는 자연의 식구들은 우리 세계의 질서, 우리 세계의 이치를 가르치고 있었다. 그러나 어찌하랴. 눈 밝은 이들은 그 자연의 가르침만으로도 충분히 깨우쳐 모든 번뇌가 사라지겠지만 이 몸뚱이는 우둔하고 탐심이 많으니 어찌하랴.

공부한답시고 아침에 눈 뜨면 세수하고 방석 위에 앉았다. 졸기도 하고 헤매기도 했지만 차분해지는 때도 있었다. 하지만 그 타령이 그 타령이었다. 방석 위에서 잠깐 좋다가도 시시걸렁한 일로 금방 출렁댄다. 간신히 하나 벌어놓곤 두 개 까먹는 꼴이었다. 그런데도 잘난 척하느라 사람들과 잘 어울리지도 않았다. 물론 만나야 할 때는 만났다. 하지만 그뿐이었다. 예의 바른 인사와 슬쩍 미소를 짓고 나면 그뿐이었다. 어느 자리에서건 눈앞의 사람들을 구경이나 하듯 한발 물러서 있었다. 가슴에 아무런 감동도 없이 그저 멀뚱멀뚱, 어쩌면 속으론 쯧쯧쯧 하고 혀까지 차고 있는 듯도 했다. 방석 위에서 마음 한 자락을 들추어 보면 거기엔 싸늘함이 있었다.

반세기 만의 귀향에서 맛본 감동도 어느 틈엔가 조금씩 퇴색되어가고 있는 듯도 했다. '깨달은 이의 가르침'이 담겨 있는 책들을 뒤적이기 시작한 지도 스무 해 가까이 되어가는데 내 마음속엔 여전히 초조감인지, 불만스러움인지, 불안함인지 하는 것들이 자리하고 있었다. 아편이니 미신이니 하는 단정적인 단어는 이미 치워버렸다 해도 그 누구의 도움도 없이 그저 혼자서 책이나 들척이는 그 짓도 한계에 부딪쳐 점점 더 갑갑해지고 있었다. 그리고 인생의 대부분은 여전히 이해 불가능이었다. 스스로를 들여다보아도 깜깜하기만 한데 어찌 나 아닌 다른 이를 알 수 있으랴. 그러함에도 다른 이의 사랑을 구해 안타까워하고, 네가 내 뜻대로 되질 않아 분노한다. 사람들은 저마다 가지각색의 욕구를 산처럼 떠안고 그 인간들이 부딪치며 꾸며내는 세상은 나날이 새로운 문제들을 쏟아내고 있다. 인생과 그 인생들이 살아가는 세상은 이해 불가능일 뿐만 아니라 도무지 대처 불가능이었다.

퇴곡리에서 맞이하는 다섯 번째 늦가을, 앞산 조그만 절에 비구니 스님이 오셨다. 조용하고 은근한 경상도 사투리가 따스했다. 스님과 함께 새벽 예불을 올려보자 싶었다. 자그마한 체구의 스님이 낮은 어깨에 단정히 가사를 두르고 법당 한 구석의 종을 울리고는 맑은 목청으로 지심귀명례와 마하반야바라밀다심경 그리고 법성원융무이상을 올린다. 그 뒤에서 나도 목

소리를 함께 올린다. 마흔 무렵에 박물관에서 만난 깨달은 이에게 이제 환갑 가까운 나이에 처음으로 여법한 예를 올리는 것이다. 하루를 시작하기 전에 사원으로 그분을 찾아가 오체투지하며 각자覺者인 그분의 발밑에서 그분의 무한히 열린 의식세계를, 그분의 깨달음을 송頌하고 염念하고 찬탄한다. 그것이 기뻤고 그 기뻐함이 또한 기뻤다.

어느 날 스님으로부터 어떤 수련회에 참여해보지 않겠냐는 권유를 받았다. 자신이 젊은 시절 출가의 인연을 맺게 했다는 수련회였다. 절이라는 곳에 발 들여놓은 지도 얼마 되지 않았고 더구나 수련회 같은 것은 생각에도 없었는데 이상하게도 한번 가볼까 하는 마음이 되었다.

"불교는 종교가 아니다. 그저 인류의 지혜 유산일 뿐이다. 우리를 이고득락離苦得樂케 하는 방편이라는 뜻이다. 불교를 진리라 하지 말고 방편이라고 하라. 진리라고 하면 그것이 진정 진리냐 아니냐를 두고 끝도 없는 논쟁과 싸움이 생긴다. 인간의 행복해탈에 아무 소용이 되지 않는 진리가 무슨 의미가 있을 것인가."

수련회에서 듣게 된 그 말씀에 무척 기뻤다. 수련

회에 참석한다는 것은 특정 종교의 배타적인 신도가 되거나 어떤 도그마의 추종자가 되는 것이 아니었다. 그 대신 가슴 저 밑바닥의 소리 없는 외침에 귀 기울여 모든 걸림에서 해방되어 무한히 날아오르고자 하는 그 소리를 확연히 알아듣고 그것에 응답하기 위해 구체적인 것들을 실천하는 것이었다.

"인생은 질문하고 그것에 대답하는 과정이다. 마음에 무언가 질문이 떠오르면 그것에 지극한 관심을 가지도록 하라. 대답은 필히 이 우주 어딘가에 있는 법이니 이윽고 그 답이 이쪽으로 끌려온다."

참으로 이상한 일이 일어났다. 나는 어느새 스승 앞에 앉아 있는 것이다. 내가, 나의 무의식이 나의 해방과 그 해방을 일깨워줄 스승과의 만남에 그렇게 관심을 가지고 지극했던가. 그리하여 지금 그 답이 이렇게 끌려 나오고 있다는 것인가. 내 인생에서 일어나리라고는 한번도 기대하거나 생각하거나 상상하지도 않았던 일이 일어난 것이다. 육십갑자 한 바퀴를 거의 다 돌고 있는 나이에, 그저 어찌어찌하다가 아무것도 모른 채 그대로 무덤으로 직행할 일만이 남아 있는 이런 나이에, 인생에 대한 불타는 정열로 가득한 청춘도 얻기 힘든 일이 일어날 수 있다는 것인가. 인생이란 이런 것이었던가.

스승이라는 말을 몇 번이고 입속으로 되뇌어본다. 세상에 사람으로 생겨나 사람들과 맺는 이런저런 끈들을 생각해본다. 부모의 인연, 자식의 인연, 부부의 인연 그리고 친구의 인연……. 지금껏 내 인생에는 그런 인연들만 있으려니 했다. 그런데 내 인생의 두루마리 끝머리에 또 하나의 인연이 마련되어 있었다는 것인가. 물론 스승과 제자라는 인연이 있다는 것을 듣기는 했다. 그러나 그런 인연은 아주 고귀한 사람들에게만 허용되는 특별한 일이려니 했다. 피로도, 살로도 이어지지 않았으되 어머니 이상의 어머니, 아버지 이상의 아버지, 부모 이상의 부모를 만나는 인연, 그리하여 숙겁의 사슬을 끊어내고 자유를 향해 한발 내딛게 할 수 있게 하는 인연. 이 세상에는, 지구 위에서 가장 진화된 의식을 지녔다고 하는 우리 인간세에는 이런 만남도 있었던 것이다. 그러나 그런 만남이 그다지 치열하지도, 그다지 간절하지도 않게 살아온 나에게 허용되었다는 사실은 아무리 생각해도 신기했다.

이 지구 위를 걸었던 아름다운 이들, 지혜로운 이

들, 완성된 이들을 떠올려본다. 저 가슴 밑바닥 근원적인 질문에 대한 답을 찾아 성을 나서고 집을 나서고 사막을 건너고 바다를 건너던 사람들. 그 행로에서 스승이 되고 제자가 되고 서로 길동무 되어 함께 길을 가는 향그러운 행렬들. 지금 그 행렬에 나의 옷자락이 이끌리고 있다는 것인가. 인연이 가까이 다가올 때 그것에 손 내밀지 않는다면 그렇게 스쳐지나간 인연을 이 무한우주 어디에서 또다시 만날 것인가. 이제는 우주가 인생에게 베풀어주는 이 마지막 만남에 남은 것을 모두 쏟아부을 수밖에 없겠구나. 나는 어느새 그렇게 중얼거리고 있었다.

벗어나기, 사라지기

•

그분은 과학자였다. 이천육백 년 전, 문자도 없던 시절에 보리수 아래에서 깊은 사유에 잠긴 끝에 우주의 존재 질서를 발견해낸 과학자였다. 그러나 자신의 발견을 하나의 지식 정보로 그냥 보관해두거나 아니면 그 과학지식을 기술로 가공하여 이런저런 편의나 이익을 도모하고 살생기술로까지 둔갑시키는 그런 과학자가 아니었다. 그분은 우주의 작동 이치를 발견해내고 어떻게 사는 것이 그 이치에 부합되는 것인지 그래서 자연스럽고, 자유스럽고, 행복하게 될 수 있는지를 밝힌 영혼의 과학자, 삶의 과학자였다. 그는 자신이 발견한 이치를 연기緣起라 하고 그것에 대해 이렇게 말했다.

이것이 있으므로 저것이 있고

이것이 없으므로 저것이 없고

이것이 일어나므로 저것이 일어나고

이것이 사라지므로 저것이 사라진다.

지구인들의 눈에서 천동설이라는 콩깍지를 뚝 떼어내서 인류의 의식 수준을 껑충 드높인 지동설을 생각해본다. 내 발 밑에서 요지부동 이렇게도 굳건한 이 땅덩이가 지금 막 돌고 있다는 그 기절초풍할 이론은 거룩한 성직자들을 분노하게 하고 지구의 과학사를 뒤끓게 하였다. 그런데 그것에 비하면 이 연기법은 맹물처럼 맹숭맹숭하게 느껴진다.

하지만 이렇게 밍밍하게 여겨지는 이 연기법은 '내 발 밑의 굳건한 땅덩이'보다도 수백 배, 수천 배 확실한, 도저히 비교도 할 수 없게 자명하고 자명한 이 '나'라는 존재를 의심하고 파고든 끝에 발견한 법칙이다. 이 세상에 사람으로 태어난 목숨 중에서 그 누가 자신의 이 펄펄한 존재를 감히 의심할 수 있었겠는가. 모든 인간들이 관심에 관심을 쏟은 것은 이 확고부동하고 싱싱한 '나'가 뿜어내는 열망과 욕구를 어떻게 채워낼 것인가 하는 것이었을 뿐, 그 끝 모르는 욕구를 갖고 있는 이 '나'가 과연 무엇인지를 의심해볼 생각은 꿈에도 없었다. 그러나 그는 이 땅 위의 인간이 생각해 볼 수 있는 최후의 의심인 이 '나'에 대한 의심에 몰두한 끝에 드디어 연기법을 깨달아 그 '나'가 없음을 본 것이다.

연기의 이치란 이 우주에서 생기고 일어나는 모든 것들은 서로 의존하여 발생한다는 것으로, 우주의 상식이었다. 그래서 그 법칙은 우리의 삶 세세골골에 익숙하고 익숙한 냄새처럼 배어들어 있어 마치 무색투명한 색깔인 양 그것을 알아챌 수 없었다. 그러나 어떤 익숙함에도 전혀 둔감해지지 않고 온전하게 열려 있는 그의 천재는 그 이치를 날카롭게 잡아채낸 것이다. 인간의 번뇌를 모두 소멸시킨다는 연기라는 상식. 몇 번을 시도해도 아둔한 머리를 탓하며 중도에서 책장을 덮게 만드는 상대성이론이나 양자역학 같은, 그런 비상하고 난해한 법칙이 아니라 너도 알고 나도 알고 있는, 씨앗은 꽃에서 생기고 새싹은 씨앗에서 생긴다는 것과 같은 평범한 상식이 인간의 번뇌를 모두 소멸시킨다는 것이다.

인간의 번뇌. 2,600년 전 카빌라 성의 왕자가 안고 있던 문제도 그 상식 중의 상식인 '연기'법을 무시하였기 때문이오. 그래서 그 왕자는 그 상식으로 돌아가 모든 번뇌를 단번에 녹여내고 부처를 이루었다는 것이다. 그렇다면 우리의 해법도 간단하지 않은가. 그냥 그 상식으로 돌아가 그것에 부합되게 살면 되지 않는가. 그런데 우리들에겐 돌아감이 쉽지 않다. 병 중에서도 고치기 힘든 고질병이 생활습관병이듯 우주의 상식을 무시하며 살아온 45억 년의 생활습관병을 고친다는 것이 어찌 쉬운 일이겠는가. 그런데 감히 그 병을 한번 고쳐봐야겠다고 생각한 것은, 아니 이 몸뚱이가 '우주 상식 저항병'이라는 깊은 병을 앓고 있다는 사실을 겨우 인정하기 시작한 것은 스승을 만나고부터였다.

이 '나'는 내 부모와 인연 맺어 세상에 태어났다. 또 그 부모는 부모의 부모와 인연 맺어 태어났다. 그러하니 나는 나의 무수한 조상들과 인연 맺어 태어난 것이다. 어디 조상들뿐이겠는가. 그 조상들을 있게 한 갖가지 먹거리와 물과 공기, 햇빛, 등등과 그러한 자연을 있게 하는 우주의 가지가지 메커니즘과도 인연 맺고 있는 것이다. 이 몸뚱이 하나를 꾸미기 위하여

온 우주가 그렇게 동원되고 있다. 그러하니 있다면 한 덩어리의 유기체가 있을 뿐, 어디에 개체가 있을 수 있겠는가. 중중한 연기로 이어져 있는 이 우주에서 어디를 얼마큼 잘라내어 발가벗은 '나'라고 할 것이냐. 자, 그 속을 잘 들여다보아라. 그 속에 진정 '나'라고 할 만한 것이 있느냐.

연기의 이치를 배우며 '나 없음의 수업'이 시작되었다. 스승의 말씀에 따라 그 속을 들여다본다. 연기의 끈으로 중중첩첩 엮어진 그 속을 깊이깊이 들여다본다. …… 그 속에는 …… 진정 '나'라고 할 만한 것이…… 없다. 그러면 이 몸뚱이, 이 형상으로 있는 이 '나'는 무엇인가.

이 몸을 나라고 생각하는가. 그것은 부모의 정자와 난자가 합해진 수정난이 어머니가 먹는 밥과 김치로 커가다 어머니 배 밖으로 나와 어머니 젖을 먹고 스스로 밥과 김치를 먹으며 생겨난 몸이다. 아버지의 정자가 네 몸이냐. 어머니의 난자가 네 몸이냐. 밥과 김치가 네 몸이냐. 또 그 몸이라는 형상은 지금 이 시간까지 줄곧 변해왔고 지금 이 순간에도 찰나무상으로 변해가고 있다. 무엇이 네 몸이냐. 네 몸을 '이것이다' 하고 고정시키려는 찰나, 그것은 빠져나가 사라져 이미 다른 몸이 되어 있다. 그것을 동일한 나의 몸이라고 느끼는 것은 오로지 우리 인식 기관의 불완전함 때문이다.

60년 동안 부지런히 키워온 '나'가 서서히 무너지고 있었다. 어디 60년뿐이겠는가. 무수한 생애를 치렀을 그 '나'가 무너지고 있었다. 나를 이루고 있던 무수한 조각들이 하나씩 허물어져 내리고 있었다. 그러나 또한 그 '나'는 끈질기게 그럼 '나'는 어디에 있느냐고 다그치듯 묻는다. 나는 뭐지? 뭐지? 뭐지? …… 나는 지금까지 '나'라고 주장해온 나의 '신분'들을 연기법 앞에 나열해본다. 나는 아무개의 딸이요, 어미요, 아내이다. 나는 이런저런 학교를 다녔고 이런저런 일을 했으며 지금은 퇴곡리에서 글을 쓴다. 아니, 이것도 저것도 아무것도 아니고 단지 그냥 인간 아무개다……. 연기법이 대답한다. 네가 부모 없이, 자식 없이, 남편 없이 딸이요 어미요 아내일 수 있는가. 네가 다닌 학교는 네가 만들었는가, 너는 너 혼자 일거리를 꾸미고 혼자 일을 했는가, 퇴곡리는 네가 창조한 장소인가, 너 혼자 있는 곳인가. 네가 쓴다는 그 글은 네가 만들어낸 문자이고 단어이고 개념인가. 그 인간이란 땅에서 솟은 것인가, 하늘에서 떨어진 것인가. 아무개라는 그 이름은 네 스스로 붙인 것인가. …… 그 무엇을 둘러대도 이 '나'는 촘촘한 관계의 그물을 빠져나갈 수 없이 연기법 앞에 번번이 패배한다. 연기법은 조용히 말한다. 네가 스스로와 동일시하는 그 무엇도 네가 아니다. 그것은 관계망에 네가 작위적으로 붙여놓은 '나'라는 이름일 뿐 벌거벗은 '나'가 아니다. 그것은 '아我'가 아니다. 그것은 비아非我다.

그러면 끝까지 이 '나'를 붙들고 늘어지려고 하는 이것은 무엇인가. 왜 끝까지 이 '나'를 보존하려고 이리도 발버둥치는가. 그 발버둥치는 '나'를 들여다본다. …… 왜 그다지도 '나'를 놓지 못하는가. 왜 그 '나'가 사라짐이 이토록 두려운가. …… 그것은 '습쩝'이었다. 알 수도 없는 그 언제부터인가 쌓여서, 층층이 켜켜이 촘촘히 굳고 굳게 쌓여서 천성보다 더 천성처럼 된 습이었다. 텅 빈 속에 '나'라는 이름의 팻말을 세워놓고 그것을 위해 바치느라 부지기수로 해온 가지가지 궁리들. -싶다, -싶다, -싶다 하는 오만 가지 갖가지 요구들을 들어주며 애쓰고 애쓰며 불철주야 키워온 그 '나'가 없어진다니 그 애씀이 아깝고 아까워 격렬하게 저항하는 것이다. 왜, 어째서 위해 바쳐야 하는지도 모르고, 그런 것이 사는 일인 줄 알고, 그것밖에 모르고 살았으니 그저 그것을 놓지 못하고 있는 것이다. 그것이 없으면 허전하고 허전하여 그리 하고 있는 것이다. 죽어도 내려놓지 못하는 그것을 깊이깊이 들여다본다. …… 그것은 '나'가 아니라 '나 위해 바침'이라는 이기심이었다. 술주정뱅이가 죽어도 술병을 놓지 못하듯 그 이기심을 내려놓지 못하는 것이다. 그랬다. 그것은 중독이었다. 스승의 말씀처럼 그것은 '존재중독'이었다. 없는 '나'를 있다고 생각하고 없는 '나'에 중독되어 줄곧 이기심을 발동하고는 그것 때문에 끝없이 치르고 있는 온갖 긴장과 스트레스들…….

그 '나'를 내려놓아 보아라. 그것을 내려놓고, 그 쇳덩이보다 더 단단한 그것을 내려놓고 그 느낌을 느끼어 보아라. 네 마음에서 그것이 사라졌을 때 네 마음이 어떠한지 그 느낌을 느끼어 보아라.

스승의 가르침을 명상해본다. 연기의 이치로 '나의 신분'을 하나씩 지워나간다. 몸은 지수화풍地水火風일 뿐, '나'가 아니다. 마음은 수상행식受想行識일 뿐, '나'가 아니다……. 무언가 점점 비어가면서 차분하고 고요해진다. 가슴 한복판에 쇠못처럼 단단하던 그것이 스르르 녹아버리고 몸이 가벼워진다. 숙변이 모두 빠져나간 뒤처럼 몸속이 시원하다. 나 없음의 느낌. 알게 모르게 마음을 점령하고 있던 피아전선이 허물어지기 시작한다……. 모든 애씀이 놓인다. 편안하고 고요하고 시원하다. 전신이 고요한 휴식에 잠긴다. 이 휴식, 이 휴식감. 생애 처음으로 맛보는 진정한 이 휴식감.

아, 그동안 얼마나 긴장하고 있었던가. 언제나 저 밑바닥에 흐르고 있는 듯한 알지 못할 초조감과 불안감은 시시각각 변해가는 이것을 붙들고 이것이 사라지지 않게 하려는 무모한 발버둥 탓이었는가. 무한우주에서 검불을 떼어내 그것을 '나'라고 정해놓고 무슨 수로 그것을 지키려 했던가. 이 세계를 '나'와 '너'로 갈라놓고 '너'에 대항해 '나'를 보존하려 했다니 얼마나 아둔하고 아둔한 짓이었던가. 세상을 나와 너로 가른다면 검불 같은 이 '나'를 제외하곤 이 무한우주가 전부 '너'인데 이 검불의 존재로 무한우주와 대항하고 살겠다는 수작이지 않은가! 그리하면서도 이렇게 죽지 않고 살고 있음은 오로지 이것의 둔탁함 덕분이었으니 그동안 이것은 살아 있었는가 죽어 있었는가. 나 없음의 깨달음. 그것은 바로 스스로 뒤집어쓰고 벗지 않으려고 기를 쓰던 '나'라는 유한의 껍데기에서 활활 벗어나는 일이었다.

사람에서 자연으로

•

　세상에 태어나 사람으로 살아온 지 60여 년이 지났다. 아니, 어쩌면 아주 긴긴 시간을 사람으로 살아왔을지도 모른다. 내 속에 콜타르처럼 새까맣고 찐득찐득하게 늘어붙어 있는 '사람 이데올로기'를 보면 아마도 그 콜타르가 저 중생대 숲속의 한 그루 소철로 살고 있었을 때부터는 아닐지라도 60년보다야 훨씬 더 길고 긴 시간을 사람으로 살아왔었지 싶기도 하다.

　사람 사이에 태어난 나는 사람임으로 하여 얼마나 행복했을까. 어린 시절을 돌아본다. 기억에 남아 있는 행복한 그림 속엔 사람보다는 사람 아닌 이들이 더 많이 등장한다. 강아지, 고양이, 오리, 나무와 풀, 뜰의 라일락을 찾아오던 까만 나비……. 그것을 보면 내가 느낀 최초의 행복감은 사람으로서가 아니고 그저 자연의 일원으로서의 행복이었던 것 같다. 하지만 학교에 들어가 사람의 글을 배우고 사람의 규칙이며 사람의 상과 벌을 배우면서 나는 점점 더 사람의 일원으로 자랐다. 그리고 고등학교를 마칠 즈음엔 '만물의 영장, 사람'으로 신분 설정이 확고해졌다. 그렇게 사람이 되어가면서 누린 행복을 기억해본다. 미술실에 늦게까지 혼자 남아 그림 그리던 일. 문법을 배워가며 먼 나라 사람들의 글을 해독해보던 재미, 도서관에 있다가 빈 운동장에 길게 그려진 그림자를 밟고 교정을 나설 때의 허허로움과 어떤 뿌듯함, 원하던 학과에 들어가 지적 호기심을 채워가던 기쁨과 어쩌고저쩌고 하던 연애 (이 연애란 것이 순수하게 사람만이 누리는 행복거리인지 어쩐지는 모르겠으나) 등등이 떠오른다.

그래프의 곡선이 그렇게 간간이 봉긋해지는 걸 보면 사람으로서 행복했던 것 같다. 그런데 그 아래에는 축 처진 채 줄곧 이어지고 있는 또 하나의 선이 있다. 그런 이중선의 그래프는 나 말고도 거의 대부분의 사람들이 꼬리처럼 달고 다니는 것이므로 혼자서만 유별나게 문제 삼을 것은 아니었다. 하지만 어쨌거나 그렇게 축 저진 선이 문득문득 의식되면서 내 주위에 알 수 없는 출렁임을 퍼뜨리곤 했다.

　사람의 세상살이는 갈등의 연속이었다. 이것과 저것이라는 대립물들 중에서 하나를 선택해야 하는데 문제는 하나를 선택했다 하면 다른 나머지 것과 필히 부딪친다는 것이었다. 그것은 끝없는 피로감을 불러왔지만 선택은 세상의 운명인지라 그 피로함에서 벗어날 길이 없었다. 떠밀려서 선택을 하든 자발적으로 하든 그 선택이 후유증을 매달고 있다는 데에는 큰 차이가 없었다.

　아무튼 세상에 태어난 나는 곧 그 선택의 파도타기를 시작해야 했다. 나의 파도타기가 태어나서 얼마 되지 않았을 때부터 제법 거칠었던 까닭은 나의 아버지 되는 사람이 자신의 선택을 자발적으로, 의지적으로, 온몸을 던져서 행했기 때문이다. 식민지 조선에 태어난 아버지는 조선의 해방과 전쟁과 분단이라는 그 격렬한 시기에 소리 높여 왼쪽의 길을 선택했다. 그리고 그 선택에 따른 후폭풍은 막내딸인 내가 고등학교를 마칠 때까지 맹렬하였다. 폭풍은 기세가 꺾이고 나서도 아버지가 내 곁을 아주 떠날 때까지 줄곧 꿈틀대었다.

선택에 따른 갈등. 그것은 나의 아버지가 살아낸 격동기의 삶에서만 그런 것이 아니었다. 그것은 보통 시정인의 일상 속에서도 사사건건 일어난다. 선거 후보에서부터 슈퍼마켓의 두부 한 모에 이르기까지 우리는 수없는 선택을 해야 한다. 누구나 좋은 것을 선택하려는데 그 좋음의 기준이 각각이고 자기 본위이니 어찌할 것인가. 선거철마다 나이 든 형부들이 빨갱이 어쩌고 하는 소리를 듣는 일도 피곤하고 유전자 조작이니 하는 정보를 얻고는 슈퍼마켓 선반 앞에서 망설이는 일도 피곤하다. 나는 좋다 하는데 너는 나쁘다 하니 어찌할 것인가. 감자밭에 물을 주어야 할 것인가 말 것인가. 서울살이를 끝내고 산골로 들어와서도 남편과 나는 밭머리에서 충돌을 일으킨다. "얘, 사람 사는 일이 왜 이리 복잡스럽냐. 그래, 너는 거기서 재미있냐?" 친구가 전화를 했다. 둘 중 하나를 선택해야 하는 대립구조가 산골이라고 해서 사라질 것인가. 꼼꼼한 남편과 덜렁이인 나는 24시간을 붙어살게 되면서 시시껄렁한 것을 두고 티격태격했다.

대립되어 있는 둘을 모두 선택할 수는 없다. 여자이면 남자가 아니고 검으면 희지 않다. 어찌되었건 그

중의 한쪽 편을 들어야 한다. 그것은 반쪽만 산다는 것을 뜻했다. 그리고 그 반쪽을 살면서도 선택되지 않은 반쪽과 끝없이 충돌을 일으켜야 한다. 바로 그것이었다. 제법 봉긋하게 솟는 행복 곡선 아래에서도 줄곧 이어지고 있는 우울한 기분의 정체는 그것이었다. 그래도 나는 그렇게 티격태격 사는 법 말고는 달리 사는 법을 몰랐다. 이것은 운명이다. 만인의 머리 위에 드리워진 운명이다(라고 굳게 믿고 있었다).

그런데 사람으로 태어나 육십갑자 한 바퀴를 다 돌고 난 어느 날 놀랍게도 그 폐쇄구조가 단번에 터지고 운명이라는 것이 뒤집어졌다! 그다지 치열하게 살지도 아니한 나에게 알 수 없는 인연이 찾아와 '개념 이전'이라는 말씀으로 벼락을 내리친 것이다. 스승의 말씀에 한 대 얻어맞고 정신을 차려 보니 세상에 이럴 수가 있는가. 좋다 나쁘다, 희다 검다 하는 그 모든 왈가왈부, 그것으로 하여 피로감 속에서 익사 직전으로 허우적대야 했던 그것들은 전부 사람이 자기 혀로 만들어낸 것이었다. 무엇이 흰 것이고 무엇이 검은 것이라고, 무엇이 좋고 무엇이 나쁘다고 하늘이 정했는가, 땅이 정했는가. 눈에서 사람이라는 콩깍지가 뚝 떨어지고 보니 하늘은, 땅은, 우주는 애당초 무엇이라고 정한 바가 아무것도 없었다. 그런데 나는 사람이라는 탈을 쓰고 참으로 어처구니없는 짓거리를 하고 있었던 것이다. 우주의 변방의 변방에서 티끌만도 아니한 지구 껍질에 먼지처럼 붙어서 오글거리며 만들어낸 개념이라는 조악한 틀로 세계를, 무한우주를, 이 삶을 쪼개고 가르고 있었다.

모든 개념들을 내려놓고 그 자리에 무엇이 떠오르는가를 보아라. 그것이 너의, 이 세계의 본디이다. 그것으로 그냥 있어 보아라.

500만 년 동안 지구 위에 생겨났던 모든 인간들이 갖가지 언어로 평생토록 내쏟았던 왈가왈부의 산더미, 그것들을 모두 치운다. 귓구멍에 피부처럼 밀착되어 이 몸의 일부가 되었던 500만 년의 소음덩어리가 떨어져 나간다. 그리고 그냥 있다. 고요하고 고요하다. 여기에 선택하고 배척해야 할 그 무엇이 있는가. 여기에 무슨 옳고 그름이 있는가. 아무것도 선택하지 않고 그냥 있다. 끝끝내 침묵이다. 그 침묵 속에서 언어의 파편에 맞아 부셔져 나갔던 것들이 온전하게 복구된다. 이 세계를 가르고 나누고 쪼개던 거친 도구를 내려놓으면 낱낱이 갈라서 있는 듯 보이던 것들이 스르르 하나가 된다. 이것과 저것이, 옳고 그른 것들이, 나와 네가 이것도 저것도 아닌, 옳지도 그르지도 않은, 나도 너도 아닌 하나가 된다. 반쪽이 아니다. 온전하다. 이것은 똑 떨어진 하나가 아니라 끝없는 하나임, 끝없는 온전함이다. 이 골 저 골의 물이 합쳐져 이음새도 없이 바다가 된 하나, 가도 가도 그뿐인 하나. 빛처럼 영롱하게 빛나는 이 하나⋯⋯. 쉰다. 그냥 쉰다. 숨 하나도 들숨과 날숨으로 가르면서 세포 낱낱에까지 젖어들어 있던 그 피로함이 풀리면서 그만 그 자리에 주저앉을 것 같다. 비로소 인간의 탈을 벗고 그저 쉬고 쉰다.

인간의 탈. 양손에 개념이라는 사나운 절단 도구를 들고 만나는 모든 것을 가차 없이 토막내버리는 인간, 그 인간의 탈을 벗는다. 오랜 교육 기간을 거쳐 만물의 정상이라는 지위에 오른 내가 스스로 인간이라는 신분에 대해 회의를 품기 시작한 것은 정규 교육을 모두 끝낸 후였다. 자식의 위치에서 부모의 위치로 변한 후 생활을 붙들고 씨름을 하면서 20세기 한국의 라이프 스타일이 점점 힘겹게 느껴지면서부터였다. 고등학교 생물시간에 배운 먹이사슬이라는 것이 새삼 떠올랐다. 선생님의 설명 부족 탓인지, 나의 이해 부족 탓인지 나는 그 그림을 먹이사슬의 최정상에 있는 인간의 잘남을 증명하는 것으로 받아들이고 있었다. 그런데 그것을 잘 생각해보니 먹이사슬의 정상 쪽에 가까울수록 그것은 다른 생명들에게 그만큼 더 의존적이라는 뜻이었다. 나는 깜짝 놀랐다. 지구 위의 모든 목숨붙이들을 먹이고 있는 것은 먹이사슬의 가장 하층인 풀이었다! 겨우 숨만 쉬고 있는 사람을 빗대어 식물인간이라고 하지 않는가. 우리는 동물에 비해, 그리고 사람에 비해 식물을 그처럼 하등하게 취급하고 있었다. 한데 알고 보니 만물의 영장인 사람은 그 최하위급인 풀잎사귀 덕에 살고 있는 것이다. 사람이 태양을 향해 하루 종일, 한 달 내내, 아니면 일 년 365일 줄기차게 입을 벌리고 있다 해도 사람의 입은 깨알 하나도 만들어내지 못한다. 풀잎들, 먹이사슬 최하위의 그이네들이 이 지구 위의 유일한 생산자였다. 그리고 자신의 생산물을 아낌없이 다른 목숨붙이들에게 나누어주고 있었다. 이 지구 위에 보살이 있다면 풀잎들이야말로 진정한 보살들이었다.

나는 그 보살들을 만나 이 지구와 지구 위의 모든 목숨붙이에 대한 인간 중심의 시각을 서서히 허물기 시작했다. 하지만 나의 새로운 시각은 여전히 둘 중의 하나라는 운명에서 벗어나 있는 것은 아니었다. 나의 새로운 시각은 새로운 반대자들을 만들었다. 나는 커가는 아이들이 상표 달린 운동화를 사달라고 조를 때, 페트병에 담긴 알록달록한 음료수를 마셔댈 때, 쓰레기통에 종이컵을 쑤셔 박을 때마다 눈살이 찌푸려지고 우리의 앞날이 암담하게 느껴졌다. 아버지는 밖으로 나가 세상과 부딪쳤는데 나는 내 집에서 아이들과 또는 남편과 거실에서, 부엌에서 부딪치고 있었다.

나는 올바르게 살고 싶었다. 그러나 내가 올바르다고 생각하는 쪽을 선택하면 그것은 필연적으로 그 반대쪽으로부터의 반작용도 선택하는 것이었다. 인생이란 내가 무엇을 선택하고 선택하지 않은 쪽으로부터의 반작용을, 어려움과 불화를, 때로는 아버지의 삶이 받았던 핍박까지를 감수해야 하는, 출구 없는 폐쇄구조로 되어 있는 것 같았다. 혼자서 책을 읽으며 40대, 50대의 시간을 보냈다. 그 사이에 부모의 죽음을 맞이하고 아이들이 커가면서 나는 나이듦이 주는 약간의 너그러움 등을 배우기도 했지만 남편 은퇴 후에 강원도 산골에 가서도 여전히 빠져나갈 길 없는 폐쇄구조 속에서 맴돌고 있었다.

그런데 알 수 없는 인연이 도래하여 나를 후려친 것이다. 본디를 보아라. 사람이라는 조그만 열쇠구멍에서 빠져나와라. 네가 만들어 네가 걸리고 있는 그것들을 다 치워라. 그 말씀에 정신 차려보니 그동안 그렇게도 힘겨웠던 둘 중 하나라는 것은 싸구려 장난감도 못 되는 허깨비 놀음이었다. 아니 이 뻔한 것을 모르고 어째서 그렇게 맴돌고 있었을까. 텅 빈 이곳에 내가 흑을 만들고 백을 만들어 그 둘에게 격렬하게 싸움붙이며 그 사이에서 땀을 뻘뻘 흘렸구나! 그 흑과 백은 우주를 두 쪽 내는 진리가 아니라 인간이라는 아이가 쪼물쪼물 만들어낸 조잡한 이름표에 불과함을 알았을 때 나는 밀물처럼 밀려오는 휴식감에 그만 자지러질 것 같았다. 그야말로 45억 년의 짐덩이가 어깨에서 사라진 듯했다. 앎이라는 것. 한순간의 앎이라는 것이 나에게 속속들이 박혀 있던 모든 고통의 입자들을 한방에 녹여버렸다. 나는 드디어 인간의 탈을 완전히 벗어던지고 우주적 존재가 되어 세계를 한눈에 보았다. 나는 인간의 열쇠구멍에서 벗어나 청정함의 바다 위를 그냥 걷고 걸었다.

"자유하라, 이 순간에 자유하라!"
스승이 머리를 내리친다. 너는 이미 자유다. 예전부터, 그 예전부터 속박된 적이 없는, 결코 속박될 수 없는 본래 자유다. 오로지 그 사실을 알기만 하면 된다. 네가 사람이라는 유한의 탈을 쓰고 있으니 선택의 고통을, 묶임의 고통을 당하는 것이다. 그 탈을 벗어라. 그리고 그 자유로움 속에서 선택을 하라. 그러면 그 선택은 단지 선택일 뿐, 너를 괴롭히는 괴물로 변하지는 않을 것이다. 무엇을 선택해도 너는 그 선택에 묶이지 않을 것이다. 이를 악물고 선택하는 것이 아니라 산들바람처럼 선택하게 될 것이다. 그러면 그 선택의 관성에 붙들려 멈추지 못하거나 자신의 선택을 끝끝내 정당화하는 온갖 구실을 잡으려고 기를 쓰는 그런 어리석은 짓을 범하지는 아니하리라. 자유함 속에서 선택하면 너는 새로운 선택에로 나아가며 성숙하고 선택을 넘어서게 된다. 눈길 하나 바꾸는 것이, 오해 하나 풀리는 것이 천지개벽을 일으킨다. 이 우주를 인간의 눈길로 재단하려 하지 말라. 인간의 눈에서 벗어나 우주가 되어 우주의 눈길로 보아라. 그러나 또다시 주의하라. 아무것에도 달라붙지 말라. 확고하게 정해진 것이 길이 아니라 전방위로 열리는 것이 길이다. 진리는 진리를 위해서 있는 것이 아니라 진정한 자유를 위해서 있는 것이다. 열려라. 열리고 열려라. 무한히 열려라. 진리에도 걸려 넘어지지 아니하는 것이 진리다.

지금 여기, 이 순간 그냥 있다. 지금 여기는 그저 지금 여기, 우주는 138억 년 동안 오로지 지금 여기뿐이었다. 지금 여기에 정신 차리고 있으면 아무것 없다. 묶일 자도, 묶을 놈도 없다. 아무것 없는 이 자리는 오로지 자유, 자유, 자유……. 사지 육신 사이로 솔바람이 지나간다.

둘 중 하나라는 폐쇄구조에서 빠져나온 나는 지난날의 혼란과 피로함을 돌아본다. 고맙다. 갇혀 있음에 고통스러워하지 않았다면 어찌 이 열림의 시원함을, 이 자유함의 맛을 알 수 있었겠는가. 고苦를 모르고서야 어찌 멸滅을 알겠는가. 본래 자유, 본래 청정에서 추락하여 헤매는 일이 없었다면 이 본래로 돌아감의 지복을 어찌 맛볼 수 있겠는가. 고맙다. 고맙다. 모든 것이 고맙다.

다시 이 봄날에

●

"이 세상에서 제일 중요한 것은 삶이다." 스승은 불교 승려이지만 세상에서 제일 중요한 것은 부처의 말씀이나 그 어떤 경전도 아닌, 바로 '우리 삶'이라고 말한다. 불보살의 말씀도, 그 어떤 성인의 말씀도, 세상의 모든 성스러운 책들도 그 삶을 위해 존재하는, 그 삶을 보다 지극한 행복으로 건너가게 하는 뗏목일 뿐이라는 것이다.

그 삶에 문제가 생겼다면 경전을 뒤적이기 전에 네가 네 삶을 들여다보고 네 삶에 대해 스스로 사유해보아라, 너는 네 인생을 얼마큼 사랑하느냐?

이 세계에서 자신의 인생을 최고로 사랑한 사람은 아마도 카빌라 성의 그 왕자였을 것이다. 지금은 찬란한 왕자의 지위에 있다 해도 그 인생이 결국엔 죽음으로 마감함을 용서할 수 없을 만큼 그는 자신의 삶이 소중했다. 그 사람은 삶을 그토록 사랑하는 자신을 치열하게 파고들어 드디어 유한성을 돌파하고 깨달은 이가 되어 무한한 존재가 된 것이다. 삶에 대한 사랑이 그 삶을 초월하게 한 것이다.

금일이환귀본今日離幻歸本. 어느 스님의 영결식장에 그런 글귀가 쓰여 있었다. 이 세상은 환으로, 오늘 그는 환을 떠나 본원으로 귀향하였다는 것이다. 우리가 하루하루 애면글면 살아가는 너무도 생생한 이곳이 환이라는 그 글귀에 어떤 반감도 들지 않게 된 것은 아름다운 봄을 예순 번씩이나 맞이한 후였다.

삶과 죽음. 그것을 환이라고 한다면 그것은 참으로 신비한 환이다. 죽음이 우리 삶의 한복판에 있음에 정신이 차려진 순간, 삶의 밀도가 확 달라진다. 내 나이 삼십대 후반에서 사십대 초반 사이에 아버지와 어머니가 차례차례 내 곁을 떠났다. 부모가 떠났을 때 물론 더없이 슬피 울었지만 그때도 죽음은 나의 문제가 아니었다. 오로지 아무리 보고 싶어도 아버지를 엄마를 다시는 볼 수 없다는 것이 슬픔의 이유였다. 죽음은 부모님 당신들의 죽음이었고 나는 뒤에 남은 자로서 슬펐을 뿐이다. 그런데 그분들이 가시고 이십여 년이 지나자 죽음은 다시 우리를 찾아왔다. 그리고 이번엔 윗세대의 죽음이 아닌 형제들의 죽음, 바로 내 코앞에 바짝 다가서서 존재감을 거침없이 드러내는 그런 죽음이다.

나보다 열다섯 살 위인 큰 형부가 말기암 판정을 받았다. 세상에 생겨났다는 사실은 모두가 언젠가 사라지게 되어 있음을 뜻한다는 것을 별로 의식하지 않고 있다가 문득 그 절체절명의 문제가 똑똑히 드러난 것이다. 고요한 죽음 명상 속이 아니라 질펀한 생활 한 가운데서 죽음과 맞닥뜨린 것이다. 시작이다. 형제의 죽음, 나의 죽음의 시작이다. 언제나 네 명의 언니들에게 '꼬마'로 불리는 나는 형부의 떠남을 그리고 차례차례 언니들의 떠남을 떠올린다. 태어날 때는 차례로 태어나도 떠날 때는 차례가 없는 법이다. 그러나 아무래도 먼저 떠나보내야 할 이들이 많을 것 같은 나는 다 떠나고 홀로 남는 자신을 상상해본다. 두렵지는 않다,

그러나 외롭다.

그 외로움 속에서 고개를 들고 시점을 무한우주로 넓혀본다. 우주의 마당에서 몇 년이라는 시간의 차이가 무슨 의미가 있겠는가. 그리고 무한가능성 속에서 생성을 거듭하는 우주의 마당에서 무엇이 삶이고 무엇이 죽음인가. 그렇게 우주적 시점을 취하면 인간의 앞마당에서 복작대던 삶과 죽음이 허허로워진다.

그러나 이치적으로 필요하지도 않은데 그냥 생겨난 것은 아무것도 없으니 죽음이라는 환에도 무언가 제 구실이 있을 터이다. 그냥 고요적적한 무한우주는 삶과 죽음이라는 끝없는 유한 현상을 통해 작동한다. 무한을 주재하는 신도 그 무한을 작동케 하려면 삶과 죽음이라는 한 쌍의 발동기가 필요한 것이다. 그리고 죽음은 우리가 삶이라고 부르고 있는 과정을 위해 참으로 커다란 역할을 한다.

큰 형부의 시한부 선고에 맞닥뜨려 우리는 형제임을, 큰언니를 사랑하고 있음을 새삼 확인하였다. 큰언니와 형부의 투병에 조금이라도 도움이 되고자 하는 마음이 되니 우리가 함께 살고 있다는 것이 절절하게 느껴진다. 우리는 그 어느 때보다도 또랑또랑 살아 있는 듯하다. 죽음은 미숙함이 일으킨 사소한 것들을 모두 사랑으로 수용하게 하고 삶의 자잘한 일상을 감동으로 화하게 한다.

부모의 죽음은 중년의 문턱에 서 있던 나를 껑충 성숙하게 하였다. 사랑하는 이들의 죽음은 커다란 고통이 되지만 깊은 가르침을 주기도 한다. 그리고 그 죽음이 바로 나의 문제로 다가올 때 그것은 인생이 줄 수 있는 최고의 선물이 되고 삶에 진정 커다란 은혜가 된다. 죽음과 맞닥뜨리지 않는 삶은 부피만 크고 내용이 부실한 싸구려 선물꾸러미 같다는 오묘한 이치를 가만히 되뇌어본다.

삶은 신비하다. 죽음도 신비하다. 환이라는 이 삶과 죽음은 신비하다. 삶은 그 미성숙으로 고통을 만들어내지만 그 고통은 미성숙으로 하여금 성숙으로 나아가게 하지 않는가. 미성숙은 수많은 고통을 만들어내지만 그 고통은 또한 우리가 서로를 사랑하는 법을 알게 하고 그것을 확인하게 한다. 우리에게 죽음이 없다면, 고통이 없다면 무엇이 삶의 감동일 것이며 무엇이 사랑의 증명이 될 것인가. 미숙한 삶은 죽음이라는 고통을 만들어내지만 죽음이라는 고통은 이 삶의 주인공을 한

단계 높게 성숙한 존재로 다시금 태어나게 한다.

이 우주는 그렇게 스스로 숙제를 만들어내고 스스로 그것을 해결해나가며 자기진화를 거듭해나가는 신비하고 아름다운 세계다. 본래 청정한 일불 법계에 오염이 있고 미혹이 있는 이치는 그것이 필요하기 때문이다. 그것이 우리 모두의 행복을 위해 필요하기 때문이다.

2,600년 전, 카빌라 성의 태자는 죽음이라는 환의 공포 덕분에 깨달은 이가 되어 죽음 자체를 묵은 허물 벗듯 벗어버렸다. 그 태자가 우리들에게 일러준 연기법이라는 이치를 음미한다. 그것을 깊이 들여다보고 무아임을 이해하며 그 무아감, 그 자유감을 누린다. 좁쌀알만 한 것이라도 '나'라 할 만한 것이 있다면 그것을 보호하고 지키느라 의식공간이 긴장되고 응축된다. 그러나 그 '나'라는 것이 그것을 형성한 우주의 모든 것들로 해체되어 우주와의 경계가 사라지면 이 존재는 마치 바다처럼 하나로 트여서 무한이 된다. 투명하고 고요하다. 그 고요함 속에서 모든 존재들의 행복을 빈다. 순간, 투명함 속에 따사로움이 깃든다. 따사로운 투명함. 더없는 행복이다. 깨닫고자 하는 것은 행복을 위해

서다. 서로 사랑하기 위해서다. 우리 모두의 행복한 삶을 위해서다.

아름다운 봄, 지는 꽃잎은 땅 위에서 발걸음을 옮길 수 없게 하고 피는 꽃잎은 하늘 속에서 눈을 뗄 수 없게 한다. 꽃, 꽃, 꽃, 온통 꽃천지……. 이렇게 아름다운 봄을 예순 번도 넘게 맞이하고 있으니 나는 아무래도 그 누군가로부터, 그 무엇인가로부터, 무한 존재계로부터 엄청난 사랑을 받고 있는 것이다.

얼마 전까지만 해도 봄의 끝자락엔 어떤 서글픔이 스며오곤 했다. 봄만이 아니라 모든 아름다운 것들을 만나고 있노라면 무언지 모르게 아쉬웠다. 아름다움을 온전히 누리기보다는 아름다움이 이윽고 사라져갈 것에 마음이 끄달리기 때문이었다. 그런데 앞으로의 시간이 지나온 시간보다 급격히 짧아지는 시점에 서 있는 지금, 봄의 아름다움을 찬양하고, 그 행복함을 지긋이 누리고 있다.

잠시 잠깐의 멈춤도 없이 변해가는 이 흐름을 어찌 참이라, 어찌 본本이라 할 수 있겠는가. 그러나 잠시도 쉬지 않는 이 흐름을 붙잡아두거나 쌓아두려는 욕망을 가지고 있을 때는 그 변함은 고통이 되지만 그 흐름을

흐름으로 알고 지금 이 순간 그것을 온전히 누리면 환
幻은 더없는 기적이다.

딸기와 작약, 그리고 강아지와

●

봄이 무르익어 큰일이 벌어지고 있다. 우선 딸기다. 게을러서 퇴비도 주지 않았다. 하기야 처음부터 애써 심은 작물도 아니었다. 10년도 전인가. 꽃나무 몇 그루를 산 적이 있는데 아마도 그때 몇 뿌리가 딸려 왔던 모양이다. 묻어온 풀포기가 조금 퍼지고 나서야 우리는 딸기가 거기에 살고 있다는 것을 알았다. 하지만 딸기농사에 뜻이 없었던 터라 그다지 대접을 하지 않았다. 뽑아내지는 않았지만 수선화 쪽으로 퍼져가는 것은 금지했다. 그런데 그 풀들은 전혀 기가 죽지 않다. 자손들이 신나게 태어나더니 어느새 엄나무 아래를 몽땅 자기네 터전으로 삼고 말았다. 도리가 없었다. 강제로 열매를 제공받은 우리는 그것을 먹기 시작했다. 그런데 염치 좋게도 참 맛있다! 우리 몸이 난숙한 봄을 먹으며 꿀벌처럼 행복해하는 것이다.

    며칠 바람이 세차게 불고 비가 오락가락하더니 잠잠해졌다. 아침에 나가보니 어머나야, 딸기 사태다! 빛나는 진홍. 촉촉하고 오동통한 과육. 그리고 무엇보다 그 향기! 오월의 향기, 딸기 본래의 향기, 뭉크러질세라 조심조심 따는데 퇴비 한 줌 먹지 않은 풀포기에 어째 이리도 많이 달렸느냐 말이다. 벌레들이 더러 먹기는 하겠으나 이 어여쁜 선물을 그 자리에서 그냥 녹여버린다는 것은 아무래도 미안한 일이다. 금방 가득 찬 바가지를 들고 일어서는데 저쪽에서도 큰일이 났다.

    우리 집에 작약 꽃밭이 생긴 이래 최대의 꽃잔치가 벌어졌다. 딸기에게는 조금 미안한 고백이지만 작약의 붉은 싹들에겐 퇴비를 주었다. 그리고 풀도 얼마큼 뽑았다. 스승을 뵈러 가끔 찾아가던 명상수련원에도 못 가게 된 지 일 년하고도 반이 되었다. 대신 마당 풀뽑기 수련을 했다. 그래도 이렇게 작약이 풍성하게 된 것은 어린것들이 열심히 합류했기 때문이다. 꽃! 꽃의 이 아름다움을 단순히 곤충을 유인하여 씨앗을 맺기 위한 수단으로만 해석한다는 것은 아무래도 지나친 공리주의다. 님들은 누구입니까. 어찌하여 이리도 아름답습니까. 그리고 우리 가슴은 어찌하여 님들 앞에서 이리도 사무쳐 옵니까. 어찌하여 이 광막한 우주, 먼지 같은 지구에 찾아오시어 아무것도 아닌 이 존재를 이리도 기쁘게 합니까. 작약을 마주하고 그냥 평화로이 서 있다.

그런데 갑자기 무엇이 내 엉덩이를 찌른다. 하이고, 이놈! 세상에 생겨난 지 아직 다섯 달도 안 된 강아지다. 한집에 있으면서 무에 그리 반가운지 뒷발로 서서 팔짝댄다. 그러곤 신나게 땅을 파더니 벌써 채소밭 속에서 아욱밟기를 하고 있다. 야, 이놈아, 이놈아, 소리를 질러도 그놈에겐 나의 악쓰기가 추임새로 들릴 뿐이다. 이번엔 새쫓기 놀이에 팔려서 하늘을 올려다보며 달리는가 싶더니 어느새 날아와 내 얼굴을 훑는다. 어매, 어매, 큰일 났네, 우리 강아지. 행복해서 큰일 났네.

둘러보니 산천이 푸르다. 늦게 잠이 깨는 감나무 잎사귀도 온전히 펼쳐져서 햇빛에 반짝이고 있다. 늙은 감나무가 다시금 연두의 어린아이로 부활한 것이다. 그러곤 여기저기 흰 꽃의 물결. 세상이 잎사귀로 푸르러질 무렵이면 나무 꽃들은 주로 흰옷을 입고 나선다. 아카시아, 찔레, 층층나무, 쪽동네, 산딸나무, 불두

화……. 푸른색이 드문 첫봄에 피는 꽃에는 노랑이 많다. 그런데 잎사귀가 많아지는 계절이 되면 녹색과 명도 차이가 그다지 크지 않은 노랑 꽃 대신 선명하게 드러나는 흰 꽃이 많아진다. 여름으로 넘어가기 전, 세상은 잠시 백색의 순수에 잠긴다. 아름답다. 세상은, 생명은, 삶은. 행복하다. 세상은, 생명은, 삶은. 그래서 딸기는 진홍으로 빛나고, 작약은 부드러운 꽃잎으로 기뻐하며, 강아지는 온몸으로 환호한다.

    새싹 돋아나던 즈음 나무들을 살펴보니 죽은 가지들이 제법 눈에 띄었다. 몇몇 풀들은 늦봄이 되어서야 겨우 부스스 살아났다. 지난겨울 며칠 혹한이 덮쳤기 때문이다. 불과 며칠이라 해도 적응할 사이 없는 갑작스런 추위 앞에 나무와 풀은 속수무책이다. 3월에 기습한 봄 폭설의 피해도 컸다. 젖어서 무거운 눈에 나무들이 많이 상했다. 매화 가지는 꽃을 잔뜩 매단 채 마구 부러져나갔다. 굴삭기가 들어와 길을 뚫고 며칠 걸려 봄눈이 녹은 다음에도 날씨는 들쭉날쭉이었다. 4월 말에 된서리가 내렸다. 5월에도 겨울옷을 벗지 못하고 있는데 대관령 너머 서쪽은 우박이었다. 온난화라는데 오히려 춥다. 자연이 깨진 밸런스를 회복하는 과정은 인간에게 그렇게 무질서로 경험된다. 이제 기후변화가 우리네 일상을 흔들고 있다. 그 천연덕스런 딸기들도 더 이상 선물을 보내지 않고, 아무리 기다려도 작약의 붉은 싹은 끝내 돌아오지 않는다 해도 전혀 이상하지 않은 때가 된 것이다.

이 세계는 모든 존재들의 터전이다. 그리고 이 세계는 그 모든 구성원의 역할로 작동하고 있다. 그 어떤 존재도 나머지 다른 존재들의 역할 없이는 생존할 수 없다. 이런 이야기는 너무도 상식적인 것이라 식상하게까지 들린다. 그러나 생각해볼수록 기막힌 사실이다. 하루에 세 번이나 먹어야 하는 몸을 가진 우리에게 먹거리가 되어주는 온갖 푸성귀까지 갈 필요도 없다. 우리는 공기라는 것 하나만 없어도 단 5분을 견디지 못한다. 물은, 흙은, 햇빛은, 바람은 또 어떤가. 우리는 우리가 '생명'이라고 지칭하는 존재들에게만 은덕을 입고 있는 것이 아니다. 그야말로 모든 존재들의 은덕으로 생존하고 있는 것이다. 지금 전 지구적으로 사람들을 괴롭히고 있는 코로나 바이러스도 이 존재계의 작동에 유용한 구실을 하고 있었을 것이다. 인간들에 의해 문명권으로 마구 불려나오기 전까지 그이네들은 조용한

야생의 근거지에서 우리가 미처 생각하지 못하는 어떤 구실을 하고 있었을 것이다. 그리고 지금은 우리 인간들에게 왜 자신들이 고통받고 있는지를 엄중히 돌아보도록 촉구하는 은덕 아닌 은덕을 베풀고 있지 않은가.

'환경'에 눈뜨기 시작하면서 "전 지구적으로 생각하고 지역적으로 행동하라"는 말씀을 만났다. 그 말씀은 시간이 지나면서 내 속에서 더 깊어갔다. 이제는 '전 지구적으로'라는 말씀이 '전 존재계적으로'라는 말씀으로 이해된다. 딸기는 누구인가, 작약은 누구인가. 딸기를 딸기이게 하는 인연들을 생각해본다. 138억 년 전, 우주라는 그 무엇이 열린 이래 그 네트워크 속에서 생겨난 지구에서 공기와 햇빛과 흙과 바람과 비와 연결되고, 46억 년 동안 우리 인간의 상상력으론 도저히 가늠할 수 없는 신묘한 만남을 거치는 와중에 지금 우리 마당 엄나무 아래에서 빛나고 있는 그이네들. 사람들은 그이네를 '딸기'라는 이름으로 부르고 있지만 실은 무엇이라고 규정할 수 없는 무한우주의 현신이다. 작약은 누구인가. 그이 또한 드러난 모습에 '작약'이라는 이름이 붙여졌지만 본래는 그 무엇이라고도 할 수 없는 무한이다. 강아지도, 그리고 딸기와 작약과 강아지와 함께 행복해하고 있는 이 '나'라는 존재도 물론 그러하다.

딸기는, 작약은 강아지는 어째서 이렇게 아름답고 사랑스러우며 행복한가. 그이들은 무한우주의 현전물로 존재하면서 딸기로서의 역할, 작약으로서의 역할, 강아지로서의 역할을, 저 '큰일'을 담담하게 수행하고 있기 때문이다. 우주의 질서에 온전히 합일되어 존재하면서 인간의 마당 한 구석에서 딸기가 되고, 작약이 되어 다른 존재를 위한 역할을 하고 있기 때문이다. 딸기나 작약, 강아지뿐이 아니다. 식탁 위의 숟가락도 전 존재계의 현전물로 생겨나 하루에 세 번 이 목숨붙이의 입 속에 음식을 넣어주는 역할을 묵묵히 하고 있다. 모든 이름은 그 존재의 이름이 아니라 역할의 이름이다. 이 존재계는 색색의 역할로 서로를 살리는 보살들의 공동체이다. 무한우주의 현전물로 각양각색의 존재들이 생겨나 저마다의 현장에서 역할 하며 그 역할로 부축되고 있는 이 신비한 연기적 존재계!

이렇게 네트워크 속에서 생겨나고 그 속에서 살아가는 존재는 자기 혼자만의 이익을 탐할 수 없다. 이 존재계는 애당초 그럴 수 없는 이치로 되어 있다. 혼자만의 이익을 탐하려면 필히 주변을 해쳐야 될 터인데 그 주변 해침은 곧 자기 해침으로 이어진다. 그래서 "하늘의 그물은 성글어도 빠뜨리는 것이 없다"고 《도덕경》은 말하였는가. 그런데 우리는 그 '성김'의 틈을 노려 자기 이익만 챙겨보려는 헛된 유혹에 곧잘 빠진다. 그리고 겪지 않아도 될 사단에 허우적댄다. 그런 것을 업장이라고, 어리석음이라고 하는가. 끝없는 이기적 욕망으로 내달리다가 급기야 지구를 몇 번이고 날려 보낼 수 있는 원폭을 끌어안고 있는 21세기의 문명. 파국적일 수 있는 코로나 바이러스나 기후변화라는 위기에 닥쳐서도 소위 '선진국'들과 내로라하는 국제기구들까지 눈앞의 이익에서 쉽사리 빠져 나오지 못하고 허둥대고 있다. 소득수준이, 그리고 명예가 곧 의식수준을 말하는 것이 아님이 분명하다. 이제는 소득수준이 아니라 전 존재계를 조망해낼 수 있는 수준으로 우리의 의식을 높이는 일에 관심을 가져야 할 때다. 이미 2,600년 전에 한 깨달은 이가 제시하였던 길이나 이제는 진실로 그 길에 대한 관심을 더 이상 미룰 수 없는 때가 된 것이다.

    스스로를 돌아본다. 빠뜨리는 것이 없는 연기의

그물을 얼마나 진정성 있게 깨우치고 있는가. 치졸한 파편의 눈이 아니라 전체의 눈으로 이 존재계를 보고 있는가. 그리고 삶의 현장에서 어떤 역할을 하고 있는가. 전 존재계적으로 생각하고 지역적으로 행동하라. 이 말씀이 경전에서 만난 "응무소주 이생기심應無所住而生其心", 아무것에도 걸리지 않고 그냥 마음을 내는 것이란 뜻이구나 이해하니 앞으로 가야 할 길이 더욱 선명해진다. 저 앞에 기다리고 있는 것이 그 무엇이든 존재계의 본래 존재방식대로 살아갈 수밖에 없다. 그 방식이 아니면 도저히 삶이라는 신비가 작동되지 않기 때문이다. 이 존재계를 이루고 있는 모든 존재들에게, 이 순간에도 이 존재를 부축하고 있는 유정무정 유형무형 모든 존재들에게 이 마음 다하여 무한히 감사드립니다.

나의 마지막 공부

ⓒ유소림 2022

초판 1쇄 발행 2022년 3월 7일

지은이	유소림
펴낸이	부수영
펴낸곳	도서출판 나의시간
등록	2007년 9월 3일 제313-2007-000177호
주소	(우)04206 서울시 마포구 마포대로 204 SK허브블루 314호
전화/전송	02)392-3533/ 02)6052-3533
전자우편	boosbook@naver.com

ISBN   979-11-953539-5-8   03810

• 책값은 뒤표지에 있습니다.